Jaap van de Weg

Vom Sinn der Hindernisse

Jaap van de Weg

Vom Sinn der Hindernisse

Einweihungsmotive im täglichen Leben

Verlag Urachhaus

Aus dem Niederländischen von Ita Maria Berger

Die niederländische Originalausgabe erschien unter dem Titel *Lof der hindernissen. Inwijdingsmotieven in het dagelijks leven* bei Uitgeverij Vrij Geestesleven in Zeist.

ISBN 3-8251-7259-7

Erschienen 1999 im Verlag Urachhaus

Umschlagmotiv: Silvia Christoph
Druck: WB-Druck, Rieden

Inhalt

Was bedeutet Einweihung?

Dieses Buch handelt von der inneren Entwicklung in der Praxis des täglichen Lebens. Es möchte zeigen, dass jeder Vorfall im Leben Gelegenheit zu innerem Fortschritt bietet. Den Prozess der Entwicklung, über den ich hier spreche, verbinde ich mit dem Begriff der »Einweihung«, der Initiation. Dies mag weit hergeholt erscheinen: Was haben alltägliche Erfahrungen mit etwas so »Hohem« wie einer Einweihung zu tun? In diesem einführenden Kapitel werde ich versuchen, die Verbindung zwischen den beiden Gebieten zu verdeutlichen.

Dem Begriff *Einweihungsweg* bin ich schon vor Jahren begegnet. In der esoterischen Literatur wird oft davon gesprochen, in diversen New-Age Zeitschriften wird der Begriff gebraucht und auch in alten mythologischen Erzählungen wird darauf hingewiesen. Für mich war dieses Thema zunächst nicht so interessant, dass ich angeregt worden wäre, mich weiter damit zu beschäftigen. Es schien mir nicht aktuell und es klang viel zu hochgestochen und zu heilig. Vielleicht mochte es ganz besondere Menschen betreffen, doch mit mir oder mit meiner Arbeit als Arzt hatte es nichts zu tun.

So dachte ich, bis ich mit dem letzten Buch von Bernard Lievegoed, *Über die Rettung der Seele,* konfrontiert wurde. Dieses Buch, welches von dem Fortwirken alter esoterischer Impulse in unserer Zeit handelt, hat mich tief beeindruckt, und dies veranlasste mich zum Weitersuchen, unter anderem in den sonstigen Werken Lievegoeds. So vertiefte ich mich in sein Buch *Alte Mysterien und soziale Evolution,* das sich mit den verschiedenen Mysterien des Altertums und ihrer Verbindung zu unserer heutigen Zeit befasst. Immer intensiver beschäftigte ich mich mit diesem Thema. Mir wurde immer deutlicher, dass sich darin tiefe Einsichten verbargen, die für uns in der heutigen Zeit sehr hilfreich sein können.

Worum ging es in früheren Kulturen bei der »Einweihung« und bei den sogenannten Mysterien, den Orten, an denen die Einweihung stattfand? Es ging vor allem darum, Selbsterkenntnis zu erlangen. So befand sich zum Beispiel über dem Eingang eines griechischen Tempels die Inschrift »Mensch, erkenne dich selbst!«. Selbsterkenntnis wurde als Voraussetzung gesehen, um einen Einweihungsweg beschreiten zu können. Dabei können wir einerseits an jene Form der Selbsterkenntnis denken, wie wir sie heutzutage aus der psychologischen Sichtweise kennen. Dort kam jedoch noch eine »höhere« Form hinzu, nämlich die geistige Erkenntnis des eigenen Wesens. Unter dieser geistigen Perspektive traten Fragen auf wie: Wie bin ich so geworden, wie ich bin? Wie ist meine Entwicklung als Individuum durch verschiedene Verkörperungen verlaufen? Und was muss ich in der Zukunft entwickeln? Aber zum Beispiel auch die Frage: Wie ist mein Zusammenhang mit der mich umgebenden Natur? Es handelte sich also um eine viel ausgedehntere Form von Selbsterkenntnis. Während der Vorbereitung auf eine solche Einweihung bekam der Schüler viel zu hören über die verschiedenen Aspekte der geistigen Welt. Wie war sie tatsächlich beschaffen? Wie wirkten die Götter? Wie hatten sie die Erde und die Menschheit erschaffen? Und was taten sie gegenwärtig? Der Schüler bekam auch Übungen, die darauf ausgerichtet waren, »Begegnungen« mit solchen geistigen Wesen zustande zu bringen.

Obwohl es Mysterienstätten in dieser Form heute gar nicht mehr gibt, scheinen mir diese Themen keineswegs veraltet. Es scheint eher so, als würden sie in unserer Gegenwart ihre Aktualität wiedererlangen. Man sieht dies an bestimmten Trends, die jetzt, in unserem Jahrhundert in den Vordergrund treten, wie zum Beispiel das Bedürfnis nach innerer Entfaltung, wie es viele Menschen verspüren. Wenn man diese Tendenzen vom Gesichtspunkt des Einweihungsweges aus betrachtet, erscheinen sie in einem völlig neuen Licht.

Der Aufruf »Mensch, erkenne dich selbst« wird wieder deutlich gehört. Viele Menschen kämpfen bewusst oder unbewusst mit der Frage: »Wer bin ich eigentlich *wirklich*?« Für viele Jugendliche zum Beispiel ist dies eine beklemmende Frage, die, wenn sie Anfang zwanzig sind, dem weiteren Verlauf ihres Studiums im Wege stehen kann, so dass sie sich »festfahren«.

Ein anderes Phänomen ist die Suche nach der eigenen spirituellen Identität. Der Glaube, wie er von den traditionellen Kirchen repräsentiert wird, reicht für viele nicht mehr aus, weil er nicht ohne weiteres mit den eigenen Erfahrungen und Bedürfnissen übereinstimmt. Viele begnügen sich nicht mehr damit, sich der Autorität anderer unterzuordnen. Die eigene Meinungs- und Handlungsfreiheit und das eigene religiöse Erleben ist von ausschlaggebender Bedeutung. Dies führt auch zu fesselnden Experimenten, sowohl innerhalb als auch außerhalb der Kirchen.

Die Suche nach eigenen spirituellen Erfahrungen kann auch zum Gebrauch von Hilfsmitteln wie Drogen führen. Diese können einem die gesuchte Erfahrung schnell bringen, bieten jedoch keine echte Erkenntnis der Welt, die man durch ihren Konsum betritt.

Es gibt noch mehr Tendenzen, die mit dem »Wiederaufleben« der früheren Mysterien zu tun haben. Dazu gehört das Bedürfnis, Entwicklungsprozesse zu verstehen. An Themen wie »Entwicklung« und »Veränderungsprozesse« wird heute an vielen Stellen intensiv gearbeitet. Man möchte wissen, wie Veränderungen stattfinden, und lernen, in welchen Phasen sich diese vollziehen. Mit diesem Wissen kann man besser beurteilen, was »normal« ist und wie man solche Prozesse begleiten kann. Vor allem in der Organisations- und Beratungsarbeit wird auf diesem Gebiet viel geleistet. Menschen und Organisationen profitieren heute immens von der Möglichkeit, Prozesse und Stimmungen zu deuten und diese Erkenntnisse anwenden zu können.

Auch in der Psychologie und in der Medizin wird das Denken in Veränderungsprozessen geläufiger. Jemand, der auf diesem Gebiet wesentliche Arbeit geleistet hat, ist zum Beispiel Elisabeth Kübler-Ross. Als Psychiater hat sie viele Forschungen durchgeführt, was Leute durchmachen, die erfuhren, dass sie unheilbar krank seien und daran wahrscheinlich sterben würden. Sie erkannte, dass diese Menschen einen Prozess durchlebten, der vielfach einen gesetzmäßigen Verlauf hatte. Sie beschreibt diesen Veränderungsprozess in einzelnen Schritten und benennt diese: Verleugnung, Wut, Feilschen, Depression und Akzeptieren. Die Arbeiten von Kübler-Ross haben viele Erkenntnisse erbracht, wie Menschen in solch kritischen Situationen reagieren. Wir haben daraus gelernt, dass ein solcher Entwicklungsprozess, den man, ohne diese Gesetzmäßigkeiten zu kennen, eher als krankhaft deuten würde, im Grunde genommen ganz normal ist. Die Kenntnis dieses Veränderungsprozesses hat dem Arbeitsfeld der Sterbebegleitung und Trauerverarbeitung neue Möglichkeiten erschlossen, wodurch sich Menschen, die so etwas durchmachen, viel tiefer verstanden fühlen.

Dasselbe gilt für unsere Beurteilung anderer Wandlungsprozesse. Ein Beispiel sind unsere heutigen Ansichten über die Wechseljahre der Frau: Hierüber wurde vor 20 Jahren kaum gesprochen. Oder die Vorgänge während der sogenannten Midlife-Crisis. Ständig werden neue Erkenntnisse gewonnen, die mit der Entwicklung von Menschen zu tun haben.

Das Bedürfnis nach Selbsterkenntnis und innerem Wachstum, die Suche nach eigenen Erfahrungen im Umgang mit der geistigen Welt und das Interesse für den Verlauf von Veränderungsprozessen sind also kennzeichnend für unsere Gegenwart. Doch genau das waren auch charakteristische Merkmale dessen, was früher in den Tempeln der Mysterienstätten praktiziert wurde. Man könnte vielleicht vorsichtig formuliert sagen, dass das Mysteriengeschehen, wie es früher in den Tempeln stattfand, wieder aktuell geworden ist, insofern, als in vielen Menschen ein selbstverständliches Bedürfnis nach dem lebt, was früher in den Mysterien geschah, jedoch auf eine der heutigen Zeit entsprechenden Weise.

Diese Einsicht verlieh meiner Arbeit eine neue Grundlage. Sie brachte mich dazu, den Schritt zu wagen von meiner Arbeit als Hausarzt zu einer neuen Tätigkeit als »Coach« bei Entwicklungsfragen. Viele Patienten sahen mich als eine Art Berater in Gesundheitsfragen. Unwillkürlich sahen sie ihre Leiden als eine Herausforderung oder Botschaft, an denen sie selber arbeiten mussten oder wollten. Schon als anthroposophischer Hausarzt interessierten mich vor allem Fragen wie: »Was ist denn nun *eigentlich* los mit mir?« und »Was kann ich *selber* für meine Gesundung tun?« Diese Fragen sind in meiner heutigen Praxis (als Arzt für Psychosomatik und Entwicklungsfragen) meine wichtigste Richtschnur.

Zuerst habe ich mir die Frage gestellt: Ist es ein fruchtbarer Gesichtspunkt, die Lebens- und Gesundheitsfragen von Menschen aus der Perspektive eines modernen Einweihungsweges zu betrachten? Was für Einsichten und Heilungsmöglichkeiten bietet mir diese Sichtweise? Die Arbeit an dieser Frage hat viel Material ergeben, das zuerst in einer Reihe von Artikeln für die Mitteilungen der Anthroposophischen Gesellschaft in den Niederlanden mündete und später in stark erweiterter Form in die Form dieses Buches.

Auch dieses Buch betrachte ich noch als einen Anfang. Vieles verlangt noch nach weiterer und vertiefender Forschung, woran ich in den kommenden Jahren arbeiten zu können hoffe.

Noch ein Wort zu den Quellen, die mir Ideen lieferten und mich inspirierten.

Die erste Brücke schlug, wie schon gesagt, Bernard Lievegoed mit seinen genannten Büchern. Viele Hintergründe fand ich im Werk Rudolf Steiners, der im Zusammenhang seiner geisteswissenschaftlichen Forschungen viel über Mysterien und das Wesen der Einweihung früher und heute dargestellt hat. Es bedurfte einer richtiggehenden »Übersetzung«, um seine Erkenntnisse in Bilder umzusetzen, die zu den Erfahrungen der Menschen von heute passen.

Ein altes »Hobby« von mir, die griechische Mythologie mit dem besonderem Schwerpunkt der Interpretation der darin enthaltenen Bilder von beispielsweise Krankheiten und Krisen, erschien dadurch in einem neuen Licht und vermittelte mir ergänzende Motive.

Hierdurch angeregt suchte ich weiter nach dem Einweihungsmotiv in früheren Zeiten. Dabei stieß ich auf eine Untersuchung von B. van Zuylen, der 1926 ein Buch über die Mysterien der Antike veröffentlicht hat. Er vergleicht darin die Strukturen verschiedener alter Mysterien und stellt fest, dass die Basisstruktur in groben Zügen die gleiche ist, oft sind nur die Bezeichnungen andere. Überall bestand der Einweihungsprozess aus einer Reihe von Schritten oder Phasen, und die entscheidenden Unterschiede zwischen den verschiedenen Schritten wurden überall auf die gleiche Art beschrieben, ob es sich nun um die ägyptischen oder griechischen Mysterien handelte. Dies half mir, einen klareren Blick für die verschiedenen Schritte und Ebenen zu bekommen, die einem auf dem Einweihungsweg begegnen.

Dies wurde noch verstärkt, als ich das Buch *Die*

gheestelijke Brulocht (Die geistliche Hochzeit) von Jan van Ruusbroec las. Dieser niederländische Mystiker aus dem vierzehnten Jahrhundert beschreibt höchst konkret und detailliert, wie man zu einer Begegnung mit Gott beziehungsweise Christus gelangen kann. Er schildert die Wege, die dorthin führen, was für Vorbereitungen man treffen muss und welche Gefahren auftreten. Auch heutzutage ist das ganz aktuell. Das Lesen seines Werkes machte den Einweihungsweg für mich zu einem zeitlosen Geschehen. Natürlich hat es zu verschiedenen Zeiten viele unterschiedliche Wege gegeben. Diese Wege führen jeweils in verschiedene Gebiete der geistigen Welt, doch sie hatten ein einheitliches Ziel.

In der folgenden Beschreibung verwende ich oft die Termini, die Rudolf Steiner benutzt, weil er für mich die ausführlichste und zugänglichste Quelle ist, in der die geistige Wirklichkeit in ihrer großen Vielfalt beschrieben wird.

Phasen des modernen Einweihungsweges

Bei jedem Einweihungsweg kann man von verschiedenen Phasen sprechen: die *Stufen* oder *Klassen.* Dies gilt auch für den modernen Einweihungsweg. Steiner nennt diese Phasen die *Bedingungen,* die *Vorbereitung,* die *Erleuchtung* und die eigentliche *Einweihung.* Andere nennen die erste Phase auch »Reinigung« oder »Läuterung«. Der Weg durch diese Phasen oder Klassen wird als »Schulungsweg« oder »Einweihungsweg« bezeichnet.

In jeder Klasse geht es um das Entwickeln eines bestimmten Bewusstseins. Es gehören bestimmte Erkenntnisse dazu und es müssen bestimmte Fähigkeiten erworben werden. Um diese Fähigkeiten entwickeln zu können, gibt Steiner gezielte Übungen an.

Auf jeder Stufe erlebt derjenige, der den Weg geht, sich selber und die Welt auf andere Art. In jeder Klasse muss das Bewusstsein, welches in der vorhergehenden entwickelt wurde, wieder umgeformt werden. Die Lebenseinstellung ändert sich also ständig und ist von der Stufe abhängig, auf der man sich gerade befindet.

Ein Ausspruch wie: »Man lebt nur einmal, genieße das Leben«, geht von dem Standpunkt aus, dass es nur *ein* Leben gibt und dass man in gewissem Sinne ruhig egoistisch sein kann. Diese Einstellung zeugt von einer ganz anderen Lebenshaltung als die Einstellung: »Ich lebe, um vom Leben zu lernen und um ein besserer Mensch zu werden.« Letztere zeigt eher ein Gefühl für den Sinn des Lebens, für die Existenz von Werten, die über das Genießen hinausgehen. Dieses Erleben hat seinen Ursprung in einer höheren Stufe des Einweihungsweges.

Der Übergang zu einer nächsten Stufe kann gleitend sein, aber auch sehr dramatisch. Auf jeden Fall ist es etwas Einschneidendes. In den alten Mysterien sprach man darum auch von einem »Sterbeprozess«, von einem Zum-zweiten-Mal-Geboren-Werden. In der Tat kann man bei jedem Übergang das Gefühl eines großen Schmerzes, von Abschied und Loslassen verspüren, die mit dem Sterben zusammenhängen.

Um das näher zu veranschaulichen, werde ich jetzt die verschiedenen Stufen des Einweihungsweges genauer beschreiben.

Die Stufe der Reinigung

Die Stufe der *Reinigung* hat zum Ziel, dass der Schüler sich von dem Bestimmtwerden durch Emotionen, durch Wünsche oder Triebe freimacht und stattdessen *innere Ruhe* und *Interesse an der Welt* entstehen lässt. In wechselndem Maße werden wir durch die Kräfte unserer Emotionen und dergleichen von innen heraus bestimmt. Das beinhaltet ein gewisses Maß an Unfreiheit. So können Gefühle wie Angst, Ärger, Verletztheit, aber auch die Neigung sich schnell zu verlieben oder ein zu großes Maß an Idealismus sowie auch das Bedürfnis nach Anerkennung oder Bestätigung durch andere in unserem Verhalten oft eine zu große bestimmende Rolle spielen. Wenn diese Einflüsse zu stark werden, machen sie uns unfrei. In dieser ersten Phase des Einweihungsweges müssen sie unter Kontrolle gebracht werden. Es geht hier nicht darum, dass es diese Emotionen nicht mehr geben darf, sondern darum, dass man lernt, diese Emotionen in der Hand zu haben. Man muss zu ihrem »Verwalter« werden, damit sie nicht mit einem durchgehen.

Diese Unterscheidung zwischen dem Verbannen und dem Beherrschen von Emotionen, Trieben und dergleichen ist etwas, was zum Beispiel in der Geschichte der Kirche immer eine wichtige Rolle gespielt hat. So strebte Franziskus und mit ihm die ursprünglichen Franziskaner danach, diese Elemente aus dem inneren Leben zu verbannen, während ein Mann wie der Niederländer Geert Groote, der hundert Jahre später lebte, in seiner »Devotio Moderna« eher propagierte, diese Elemente zu meistern und sie in Bezwang zu halten. Heute gehören dazu Fähigkeiten wie diese: Nicht *abhängig* sein zu von Alkohol oder Zigaretten, sich *nicht mitreißen* zu lassen von der eigenen Wut oder Verletztheit, nicht dem eigenen *Vorteil* zu dienen, sondern Raum zu schaffen für höhere Ziele. Das alles lässt sich meistens nicht ohne Kampf und Widerstand erreichen.

Wenn man seine Abhängigkeiten und Gewohnheiten aufgibt, entsteht eine Leere, es fehlt etwas, doch man muss dies aushalten. Das kann schmerzhaft sein, und es ruft Verpflichtungen für einen selber hervor. Mit anderen Worten: Auf der Stufe der Reinigung geht es darum, dass man sich als Individuum, als »Ich-Wesen« vom Einfluss der Emotionen und körperlichen Bedürfnisse befreit. In späteren Phasen des Einweihungsweges kann das freiere Ich sich dann auf höhere Welten richten: Die Welt der Seele und des Geistes.

Betrachten wir einmal eine konkrete Situation. Jemand tut etwas, was mich verletzt. In der Klasse der Reinigung geht es darum, sich nicht von seinen Gefühlen lenken zu lassen, also auch nicht von der Verletztheit. Deshalb muss ich versuchen dafür zu sorgen, dass die Verletztheit nicht überhand nimmt und mein Verhalten bestimmen kann, wodurch ich z.B. wütend auf den anderen werde, weil dieser »gemein« gewesen ist. Andererseits darf ich die Verletztheit auch nicht einfach nur wegstecken, denn dann werde ich auch nicht ihr Herr und Meister. In dieser Phase geht es darum, dass man lernt, die Verletztheit zu spüren und auszuhalten. Mit anderen Worten: Das Ich steht *über ihr* und hat das Gefühl der Verletztheit in der Hand.

So kann man eine Zeit lang mit dem Thema Verletztheit leben. Man wird dabei erleben, wie es u. U. schon in der Vergangenheit im eigenen Leben eine Rolle gespielt hat. Man lernt auch das ganze System der damit verbundenen Gefühle und Reaktionen zu durchschauen, was ein Vorausgreifen möglich macht. Man erlebt die feineren Nuancen, und so wird dieses Gebiet allmählich weniger bedrohlich. Eine eigene »Provinz« auf dem Gebiet der Reinigung ist so gebildet worden, und es entsteht ein größeres Maß an innerer Ruhe.

Durch diese Anstrengung wird man souveräner im Hinblick auf die Kontrolle der Emotionen, das heißt: das Ich wird stärker. Die Kraft, die man geschöpft hat, wird allmählich zu einer Fähigkeit, die man in der Zukunft in gleichartigen Situationen gebrauchen kann.

Durch das Beschreiten des Einweihungsweges gerät man oft in spannende Situationen. Der Körper reagiert darauf. So können unerwünschte, überraschende Perioden von Herzklopfen oder Magenbeschwerden auftreten. Auch Muskel- oder Rückenbeschwerden können vorkommen. Alle diese Beschwerden hängen damit zusammen, dass das veränderte Gleichgewicht zwischen Körper und Psyche Konsequenzen im Hinblick auf die Funktion der Körperprozesse hat.

Auch müssen ganz bestimmte Qualitäten in dieser Klasse entwickelt und gestärkt werden. Hierzu gehören ein aktives Gesundheitsbewusstsein und innere Ruhe. Innere Ruhe bedeutet, dass man imstande ist, trotz der vielen Arbeit oder der Überfülle von Aufgaben, die man zu erledigen hat, eine gewisse Ordnung im »inneren Haushalt« zu erreichen, eine gewisse innere Balance aufrecht zu erhalten.

Eine andere Qualität besteht darin, ein großes Interesse für die Umwelt und eine reiche innere Erfahrungswelt zu entwickeln. Es wird sich immer wieder zeigen, dass die Antwort auf die Fragen, die einem auf dem Einweihungsweg begegnen, schon mehr oder weniger in Reichweite sind. Man muss sie nur sehen; ohne dieses Interesse übersieht man diese Antworten.

Die genannten Ziele wie innere Freiheit, Gesundheitsbewusstsein und innere Ruhe sind relativ allgemein erkennbar in unserer Zeit. Man begegnet überall in den Buchhandlungen einer großen Vielfalt von Büchern, die sich mit genau diesem Thema befassen; in vielen Formen der Psychotherapie und in den sogenannten Selbsterfahrungsgruppen wird dasselbe angestrebt.

Die Welt der Kräfte

Die nächste Stufe des Einweihungsweges nennt Steiner die *Vorbereitung.* In dieser Klasse geht es darum, erkennen zu lernen, wie durch die Dinge, die Pflanzen, die Tiere und auch durch die Menschen Kräfte wirken. Es handelt sich hierbei um objektive Kräfte, die durch ihr Wirken die Pflanzen, die Existenz der Tiere, der Mineralien und auch der Menschen grundsätzlich ermöglichen. So beobachten wir in der physischen Welt Anziehungs- und Abstoßungskräfte, Verdichtungs- und Auflösungskräfte, in der Pflanzenwelt wie auch im Stoffwechsel des Menschen Wachstums- und Verwelkenskräfte. In der Tierwelt und im Seelenleben des Menschen wirken daneben wieder psychische Kräfte wie Aggression, Sorge, Angriffs- und Fluchttrieb. Beim Menschen erkennen wir außerdem auch Kräfte wie zum Beispiel Egoismus, Liebe, Moralität und Idealismus.

Das Denken in Kräften kennen wir auch aus dem täglichen Leben. In einer einfachen Form erscheint es zum Beispiel im Wetterbericht. Der Meteorologe erklärt, wie das heutige Wetter zusammenhängt mit einem Hochdruckgebiet hier und einem Tiefdruckgebiet dort, mit dem Einfluss von Kälte und Wärme usw. Man begegnet ihm auch in Zeitungsartikeln mit Hintergrundinformationen, in denen aktuelle Geschehnisse aus den im historischen Geschichtsverlauf wirksamen Kräften erklärt oder aus ethnischen, kulturell-religiösen oder ökonomischen Faktoren hergeleitet werden. Beim Einweihungsweg geht es jedoch um reale geistige Kräfte.

C. G. Jung, einer der Begründer der Tiefenpsychologie am Anfang dieses Jahrhunderts hat die Welt der Kräfte eingehend erforscht. Er vermutete, dass sich hinter vielen Seelenmustern wie z.B. Konflikte mit den Eltern oder Partnern größere Bilder verbergen, die wie eine Art Urerinnerung fortwirken. Er nennt dies die Welt der Urbilder oder

Archetypen. Sie leben bei jedem Menschen im Unbewussten und schwingen mit, wenn in der Seele bestimmte Themen entwicklungsmäßig »dran« sind. Hinter jedem Vater, das heißt also auch in jedem Konflikt eines Sohnes oder einer Tochter mit seinem oder ihrem Vater spielen die Urbilder, die mit dem Vaterbild zusammenhängen mit: Einfluss und Geltung, Gott, Autorität ... Diese Urbilder wurden durch verschiedene Kulturen in ihren Mythen und Sagen ausgearbeitet. Weil es sich um Urbilder der Menschheit handelt, begegnet man Mythen mit vergleichbarem Inhalt in vielen verschiedenen Kulturen. Bei diesen Archetypen geht es um Kräfte, die einer anderen Ordnung angehören als die Kräfte der Welt des Hier und Jetzt. Sie stehen sozusagen über der Zeit und sind nicht mehr individuell, sondern gelten mehr oder weniger für alle.

Menschen, die sich in dieser Klasse der Vorbereitung befinden, suchen die Verbindung mit diesen Kräften. Sie erleben keine Befriedigung an der nur faktischen Seite von Geschehnissen oder an emotionalen Erzählungen. Sie wollen die Hintergründe verstehen, und nicht nur das: Sie wollen sie in ihrem Tun berücksichtigen.

Vielen Beziehungsproblemen oder Problemen bei der Zusammenarbeit kann man von der Perspektive der Kräfte aus näherkommen: Wenn z.B. in einer Beziehung die Rede von »Aggressionen« ist, gibt es immer einen, der aggressiv ist und einen, der darunter leidet. Derjenige, der sich als der Verlierer fühlt, kann dem Anderen sein Benehmen übelnehmen, und der Täter kann sich schuldig oder unverstanden fühlen. Doch beide können sich auch klarmachen, dass sie es beide mit der gleichen Kraft – der Aggression – zu tun haben und dass sie beide damit umgehen lernen müssen. Dann kann es dazu kommen, dass die Aggression nicht zwischen ihnen steht – jedenfalls nicht immer – , sondern ihre Verarbeitung zu einer gemeinsamen Angelegenheit wird.

In vielen Kursen – zum Beispiel über die intuitive Entwicklung, das »Lesen« der Aura oder über phänomenologische Naturwahrnehmung – werden heute Fähigkeiten geweckt, mit denen sich diese Kräfte wahrnehmen lassen. Man kann dieses Umgehen mit den wirkenden Kräften als einen ersten Schritt über die Schwelle zur geistigen Welt sehen.

So sehen wir, dass in der heutigen Zeit an verschiedenen Orten, aus unbewussten und bewussten Bedürfnissen heraus, Arbeitsmethoden und Techniken entstehen, die ungewollt einen Beitrag zu bestimmten Aspekten des Einweihungsweges liefern – ein Zeichen, dass sich der Einweihungsweg in der heutigen Zeit mitten im Leben vollzieht.

Die Welt der Wesen

Die nächste Klasse nennt Steiner die *Erleuchtung.* Hier wird man die Kräfte, die man in der vorherigen Klasse kennen gelernt und erfahren hat, als eine

Wirkung sehen, die von *Wesen* ausgeht, Wesen, die ihre Existenz und ihre Ziele in der geistigen Welt haben und die im Verlauf großer Zeiträume ihre eigene Entwicklung durchmachen. In der esoterischen Literatur werden diese Wesen manchmal als »Entitäten« oder »Energien« bezeichnet.

Wie kann man sich die Beziehung vorstellen zwischen den Wesen, um die es sich auf dieser Stufe der Einweihung handelt und den Kräften, die wir im Zusammenhang mit der vorherigen Klasse beschrieben haben?

Man könnte es sich so vorstellen, dass die genannten geistigen Wesen einen Teil ihrer Eigenart, ihres »Inhalts« herschenken. Dieser steht sodann als frei verfügbare Kraft auf einer niedrigeren Ebene zur Verfügung. Aus dieser Quelle schöpfen Pflanzen, Tiere und wir Menschen die Kräfte, die wir benötigen.

Als ein sehr hohes Wesen, das von der geistigen Sphäre aus der Erde Kräfte schenkt, kann man Christus sehen. Oft sagt man: »Christus ist Liebe« oder »In Christus ist die Liebe Mensch geworden«. Aber man kann es sich auch so vorstellen: Christus hat einen Teil seiner Liebe weggegeben an die Seelenwelt. Diesen Teil können wir als Liebeskraft in uns aufnehmen.

In unserer Zeit besteht kaum noch eine Verbindung mit dieser Welt der Wesen. Gerade dort, wo wir viel Wissen und Erkenntnisse über die Wirkung der Materie, die Wirkung der Gene, die Wirkung der Atome usw. erworben haben, da haben wir die Erkenntnisse über die Wirkung dieser Wesen verloren.

Man kann jedoch zurückgreifen auf Bilder aus früheren Zeiten, als man noch viel selbstverständlicher mit diesen Wesen umging. So sprach man in der alten religiösen Tradition von den verschiedenen Hierarchien der Engel, Erzengel usw. Man hatte damals eine ganz konkrete Vorstellung von den verschiedenen Wirkungen dieser Wesen. Auch in Mythen und Göttersagen finden wir die Wesen, um die es sich hier handelt, in den verschiedenen Alten Kulturen wieder. So erzählt ein griechischer Mythos, wie sich der Hauptgott Zeus in Europa verliebt, eine Königstochter aus Kleinasien. Als Stier verkleidet entführt er sie nach Kreta, wo sie ihm ein Kind gebiert, das Minos genannt wird und später König von Kreta wird.

Hinter dieser Erzählung verbirgt sich eine Realität anderer Ordnung, in der die Griechen ihre Erfahrung der Wirkung geistiger Wesen beschreiben. Zeus ist der leitende Geist der griechischen Kultur. Alle Mythen über ihn erzählen, wie er dieser Kultur neue Impulse gibt. Die Erzählung von Europa berichtet, wie eine Königstochter erobert wird. Eine Königstochter ist oft ein Bild für das »Geisteskind« eines Königs, das heißt eine bestimmte, für die Menschheit neue *Erkenntnis* eines Hohepriesters eines Mysterienortes. Im Altertum war nämlich die Funktion des Königs oft mit der eines Hohepriesters verbunden. Diese Erkenntnis wird nach Kreta gebracht, wo sie wieder neue »Kinder« gebiert:

Minos, die führende Figur der kretischen Geschichte. Historisch könnte es sich hier um die Erkenntnis der Kupfergewinnung handeln und wie es in Verbindung mit Zinn zu Bronze gegossen werden kann. Kreta war tatsächlich lange Zeit das Zentrum der Bronzekultur.

So erzählt ein derartiger Mythos ganz konkret, wie geistige Wesen wirksam sind.

Auch in der Anthroposophie wird eine Geisteswelt beschrieben. Rudolf Steiner benutzt dazu unter anderem die christliche Terminologie; so spricht er zum Beispiel über Engel und Erzengel. Er beschreibt in vielen Vorträgen die Wirkung der Erzengel und spricht in diesem Zusammenhang vor allem über Michael, Raphael, Gabriel und Uriel. Sie haben alle eine bestimmte Aufgabe in der Entwicklung der Menschheit und in den verschiedenen geschichtlichen Epochen.

Ferner spricht Steiner auch über Wesen, die der Entwicklung entgegenwirken. In der christlichen Terminologie werden sie »Satan« und »Teufel« genannt, Steiner nennt sie »Ahriman« und »Luzifer«.

In der Klasse der Erleuchtung lernt man diese und ähnliche Wesen als Individuen kennen. Das ist etwas völlig anderes, als über sie zu sprechen oder sich ein Bild von ihnen zu machen. Letzteres basiert auf dem »normalen« Bewusstsein. In der Erleuchtung wird das Erleben jedoch zur Wirklichkeit und die Begegnung mit diesen Wesen zu einer inneren Realität.

Das Verhältnis zur geistigen Welt ändert sich in

dieser Klasse. Dadurch, dass die Beziehung zu den Wesen konkreter wird, wird die Rolle, die man als Mensch auf Erden spielt, eine andere. Man kann hier von einer gewissen »Zusammenarbeit« sprechen. Man wird mehr zum Vermittler, zu einer Art »Vertreter« der geistigen Welt. Wenn man dies erlebt, kann einem das eine ungeheure zusätzliche Kraft geben. Umgekehrt muss dies auf die betroffenen Wesen ebenfalls eine Wirkung haben: Sie sind ja für ihr Wirken auf Erden von den Menschen abhängig. Darauf werde ich im Kapitel über die Wasserprobe noch zurückkommen.

Die Einweihung

Auf der vierten Stufe, jener der eigentlichen Einweihung, öffnet sich sozusagen der Vorhang und die genannten Kräfte und Wesen werden sichtbar.

In den alten Einweihungen fand dies durch das Ritual des sogenannten »Todesschlafes« statt. Der Einzuweihende wurde in einen tiefen Schlaf versetzt, in dem sein Bewusstsein vom Körper losgelöst und durch den Oberpriester, den »Hierophanten«, sozusagen in der geistigen Welt herumgeführt wurde. Dabei wurde ihm gezeigt, wie die Entwicklung der Erde verlaufen war und wie diese Entwicklung weiterzugehen hatte. Er bekam auch einen Einblick in den eigenen Lebenslauf durch die bisherigen Verkörperungen hindurch wie auch auf das, was ihn in der Zukunft an Aufgaben erwartete. Die Trennung zwischen Erdenleben und geistigem Leben wurde in der Einweihung definitiv aufgehoben, wodurch man das »ewige Leben« erhielt. Der Übergang von dem Leben auf Erden zum Leben nach dem Tode war durch die gewonnenen Einsichten nur noch zu einem kleinen Schritt geworden.

So wird zum Beispiel auch das Sterben des Sokrates beschrieben. Dieser war noch in die Mysterien von Eleusis eingeweiht und hatte also das Bewusstsein für die geistige Welt erhalten. Der Tod durch den Schierlingsbecher war für ihn keine dramatische Angelegenheit, so wie sie es für seine Schüler war. Er erzählte ihnen über das Leben nach dem Tod, in das er jetzt hinübergehen würde, während das Gift wirkte und er starb.

In unserer Zeit wird dieser Tempelschlaf nicht mehr praktiziert. Die Einweihung wird in kleinen Schritten erreicht. Der Moment der Einweihung wird nicht von einem Hierophanten auf Erden bestimmt, sondern durch die geistige Welt: Wenn jemand reif ist für eine (teilweise) Einweihung, wird der Schleier von der geistigen Welt zum Teil gelüftet und man wird sehend. Dann kann der Mensch als »Teileingeweihter« beginnen, am Leben und Wirken der Wesen, die die geistige Welt bevölkern, teilzunehmen.

An welcher Stelle des Weges befinde ich mich?

Der Übergang von einer Klasse zur nächsten bedeutet den Übergang zu einer anderen Art, die Welt und sich selber zu betrachten. Bei so einem Übergang von einem Bewusstseinszustand in einen nächsten ändern sich die Auffassungen über das Leben und die Welt. Man fängt an, die Menschen anders zu betrachten und erlangt neue Einsichten. Aus diesen neuen Einsichten resultieren auch neue Aufgaben und Ideale. Viele Auffassungen, die einem Sicherheit gaben und Gewohnheiten, an denen man gehangen hat, müssen losgelassen werden. Dies kann ein sehr tiefgreifender Vorgang sein und dadurch Unsicherheit und Angst hervorrufen. Denn wirklich alles, was man bisher getan hat, erscheint in einem anderen Licht und erhält eine andere Beurteilung.

So kann man jahrelang gearbeitet haben, um ein bestimmtes Ideal zu erreichen und stolz sein auf das, was man erreicht hat. Später, wenn man auf dem Einweihungsweg schon weiter vorgedrungen ist, kann man sich im Rückblick darauf enttäuscht fühlen, weil man vom neu erworbenen Gesichtspunkt aus feststellen muss, das dieses Streben eigentlich unwichtig und möglicherweise sogar falsch war.

Diese Art von Situationen fühlt man unbewusst auf sich zukommen, wenn man sich einem Übergang nähert. Das kann unwillkürlich eine Angstreaktion hervorrufen. Diese Angst hat einen ganz funktionellen Charakter: Sie zeigt einem sozusagen, dass man ein »gefährliches« Gebiet betritt (das heißt: bedrohlich für die »normale« Lebenshaltung). Es braucht viel Mut und Wachsamkeit, dann weiterzugehen. Doch durch diese Wachsamkeit ist man gerüstet für das, was auf einen zukommt und kann man es besser unterscheiden. Es wird auch oft vorkommen, dass man auf diese Angst so reagiert, dass man zurückweicht; man nimmt sich die Warnung durch die Angst zu Herzen. In vielen Fällen kann das berechtigt sein, denn wenn man zu früh, d.h. zu wenig vorbereitet das neue Gebiet betritt, kann man sich darin auch verirren. Man kann die Spur verlieren und im schlimmsten Falle in eine innere Spaltung geraten.

Angst ist also eine ganz natürliche Erscheinung, wenn man sich einem solchen Grenzübergang nähert. Diese Angst kann als reine Angst erschienen, sie kann auch verschleiert auftreten in Form einer Krankheit oder Lebenskrise, die scheinbar durch äußere Umstände verursacht wird. Das Erleben dieser Grenzübergänge wird in der esoterischen Literatur »Prüfung« oder »Probe« genannt. Ich werde später noch ausführlich darauf zu sprechen kommen.

Wie gelangt man heutzutage nun eigentlich auf den Einweihungsweg, und was entscheidet, in welche Klasse man kommt? Dies wird von Tatsachen bestimmt, welche die Grenzen dieses Lebens überschreiten.

Wenn man von dem Gedanken ausgeht, dass man als Mensch mehrere Erdenleben durchläuft, also vom Gedanken der Reinkarnation, kann man sich vorstellen, dass viele Menschen sich schon in früheren Leben mit individueller Entwicklung beschäftigt haben, oft in systematischer und gezielter Form. Im Mittelalter wurde dies in Klostergemeinschaften eingehend ausgeübt. Wenn wir zum Beispiel die Geschichte der Niederlande anschauen, so sehen wir, wie im 14. und 15. Jahrhundert die bewegung der »Devotio Moderna« entsteht. Geert Groote gab in den Jahren zwischen 1379 und 1384 den Anstoß dazu. Es entstanden Häuser, in denen man in einer Gemeinschaft lebte und wo man eine Form der Frömmigkeit anstrebte, die die Nachfolge von Christi Leben zum Ziel hatte. Man strebte nach Genügsamkeit und danach, sich frei zu machen von der Liebe zu irdischen Dingen, wie schon in dem Kapitel über die Klasse der Reinigung beschrieben. Ganze Gruppen von Menschen, darunter viele junge Schüler, haben darin einen wesentlichen Einfluss für ihr Leben erfahren. Das Gleiche gilt für die vielen anderen Orden, die es damals gegeben hat. Wenn eine solche Erfahrung stattgefunden hat, besteht in einem folgenden Leben bereits ein Fundament, auf dem man weiter aufbauen kann. Dies äußert sich in dem Impuls, nach einer Fortsetzung des eingeschlagenen Weges zu suchen: der Suche nach dem Einweihungsweg.

Auch Erfahrungen aus noch früheren Leben können einen Antrieb bedeuten. So beschreibt Elisabeth Haich in ihrem Buch »Einweihung«, wie sie sich nach einer Yogaschulung wieder an Bilder ihrer Einweihung in Ägypten erinnern konnte und schildert diese sehr detailliert. Dann beschreibt sie, wie diese Erfahrungen während einer Reihe von dazwischenliegenden Leben unbewusst geblieben sind, und wie sie jetzt, in der heutigen Zeit, wieder zur Verfügung stehen. Auch sie beschreibt also das Anknüpfen an alte Erfahrungen, die aber schon viel weiter zurückliegen.

Diese tiefliegenden Impulse können einen unbewusst dazu veranlassen, einen bestimmten Beruf zu wählen, oder innerhalb eines Berufes einem bestimmten Ideal nachzustreben. In meiner eigenen Situation war das zum Beispiel die Entscheidung, anthroposophischer Arzt zu werden. Wenn man eine solche Entscheidung trifft, hat das zur Folge, dass man unwillkürlich mit Elementen des Einweihungsweges in Berührung kommt. Das Bedürfnis danach ist ja in einem wirksam. So kann man, ohne dass man explizit den Entschluss dazu gefasst hat, auf dem Einweihungsweg landen. In einem bestimmten Augenblick, kann man das Glück haben, auch bewusst etwas über die Existenz des Einweihungsweges zu erfahren (z.B. durch die Lektüre bestimmter Bücher); dann wird man seine Entwicklung auch bewusst lenken und intensivieren können.

Es gibt noch einen Aspekt des modernen Einweihungsweges, der wenigstens angedeutet werden sollte, weil er einen entscheidenden Unterschied zu den früheren Einweihungswegen ausmacht. Das ist die Tatsache, dass es beim modernen Einweihungsweg nicht mehr so ist, dass man jeweils in eine einzige Klasse gelangt. Es kann sein, dass man sich, was bestimmte Gesichtspunkte betrifft, in der Klasse der Vorbereitung befindet, während man sich in anderer Hinsicht gerade erst mit den Bedingungen beschäftigt. Diese Art Einseitigkeiten können sich im Laufe des Lebens oder der folgenden Leben ausgleichen. Man sieht so etwas manchmal bei Menschen, bei denen man einerseits darüber staunt, welch große Begabungen sie in ihrem Beruf entwickeln, die darauf hindeuten, dass sie dabei aus den Errungenschaften aus einer höheren Klasse des Einweihungsweges schöpfen können, während sie zum Beispiel auf dem Gebiet der Zusammenarbeit dieses Niveau nicht im Geringsten erreichen. Die positiven Eigenschaften können dann natürlich trotzdem als wichtig und sinnvoll betrachtet werden. Aber es ist selbstverständlich, dass so jemand hinsichtlich des Erfolgs, den er erreichen will, durch diese andere, noch unentwickelte Seite gehemmt wird, vor allem wenn er keine Anstalten macht, im jetzigen Leben an diesen Schwächen zu arbeiten; und das kann nun wieder Folgen für die nächste Inkarnation haben.

Viele Menschen sind, weil sie sich oft unbewusst auf dem Einweihungsweg befinden, auf der Suche nach bestimmten Antworten auf Fragen über sich selbst und über das Leben. Die Antworten müssen der Phase des Einweihungsweges gerecht werden, in der sie sich befinden. Außerdem wollen sie ihre Erfahrungen von dieser Perspektive aus wenigstens anfänglich verstehen. Ganz konkret sehen wir dies zum Beispiel in den verschiedenen Möglichkeiten, sich Krankheiten gegenüber zu verhalten. Vom alltäglichen Gesichtspunkt aus sind Krankheiten eine Last, die so schnell wie möglich wieder verschwinden soll. Wenn jemand aber von dem Gedanken ausgeht, dass Krankheiten auch einen bestimmten Sinn haben können, wird er versuchen, ihnen etwas Positives abzugewinnen. Und wenn sich jemand sogar ausdrücklich an einer Krankheit schulen und entwickeln will, dann wird er versuchen, das eigentliche Krankheitsgeschehen tiefer zu verstehen und eine Lehre daraus zu ziehen. So erleben die Menschen, abhängig von ihrer Position auf dem Einweihungsweg, ihr Kranksein auf ganz verschiedene Arten. Dies führt dazu, dass sie ganz verschiedene Fragen stellen an den, der sie behandelt und dementsprechend ganz verschiedene Antworten bekommen möchten.

Studium, Übung, Erprobung, Meditation

Wenn man bewusst und sicher einen modernen Einweihungsweg beschreiten will, muss man verschiedene Elemente besonders beachten. Es sind die Elemente, die jeden Einweihungsweg – sowohl den alten als auch den modernen – kennzeichnen: Studium, Übung, Erprobung und Meditation.

Das *Studium* zielt darauf ab, den Menschen und seinen Zusammenhang mit der geistigen Welt zu erkennen. Man muss einen Begriffsrahmen ausbilden, von dem aus man die neuen Gebiete, die man betritt, verstehen kann. Möchte man Einblicke in die geistige Welt gewinnen, so kann man diese zum Beispiel in mystischen Werken wie denen des Jan van Ruusbroec oder der Theresa von Avila finden. Im ägyptischen Totenbuch wird die geistige Welt so beschrieben, wie die Ägypter sie erlebten. In dem Werk Rudolf Steiners, der Anthroposophie, findet man eine westliche Annäherung, die an unsere heutige Seelenverfassung anknüpft.

Ferner gibt es viele *Übungen*, die darauf ausgerichtet sind, bestimmte Fähigkeiten zu entwickeln. So gibt es Übungen, um das Denken und Handeln unter die Kontrolle des Ich zu bekommen. Desweiteren gibt es Übungen, die auf die Entwicklung von Organen des Hellsehens, die sogenannten Chakren oder Lotusblumen, ausgerichtet sind. Diese Lotusblumen sind »Seelenorgane«, man spricht auch von Organen des Astralleibs. Diese Organe haben sich in unserer Zeit noch nicht richtig entwickeln können, aber sie können in der Zukunft verfügbar werden. Es ist bereits jetzt möglich, sie allmählich zu entwickeln. Dabei geht es darum, dass man elementare Emotionen in Wahrnehmungsorgane umformt. Damit können dann schließlich auf direkte Weise zum Beispiel die Denkweisen oder Talente von anderen wahrgenommen werden. Es ist selbstverständlich, dass hier eine große moralische Kraft erforderlich ist, um mit diesen Fähigkeiten richtig umgehen zu können.

Zur Kategorie der Übungen kann man auch die Proben oder Prüfungen zählen. Diese haben ein doppeltes Ziel. Erstens muss man durch sie den Mut entwickeln, der nötig ist, um das, was einem auf dem Einweihungsweg begegnen wird, ertragen zu können. Zweitens kann man durch das Erleben der Prüfungen tiefer gehende Erkenntnisse bezüglich der uns umgebenden Welt und über sich selbst erringen. Im weiteren Verlauf dieses Buches werde ich dies genauer darstellen.

Schließlich gibt es noch die *Meditation*. Diese hat das Ziel, eine bestimmte Bewusstseinsform zu entwickeln, die es einem ermöglicht, sozusagen »aufzuwachen« im Schlaf, in der Nachtwelt. In dem Bewusstseinszustand, in welchem wir uns momentan befinden, wissen wir nicht, was im Schlaf geschieht. Im Schlafe bewegen wir uns zwar auf dem Gebiet des Geistigen, doch wir können uns nach dem Aufwachen nicht daran erinnern. Doch durch Meditation kann man Schritt für Schritt bestimmte Gebiete aus dieser Nachtwelt *bewusst* zu erleben beginnen. Bei dieser Art des Meditierens geht es also nicht um Entspannungsübungen oder das Erlangen innerer Ruhe, sondern darum, eine konkrete Brücke zur geistigen Welt zu bauen. In diesem Buch werde ich nicht näher auf die Meditation eingehen, sondern möchte auf spezifischere Literatur verweisen (siehe insbesondere die in der Übersicht aufgeführten Werke von Jörgen Smit und Rudolf Steiner).

Die nächsten Kapitel sind dem Einweihungsweg gewidmet, wie sich dieser anhand der »normalen Lebenserfahrung« Schritt für Schritt vollziehen kann. Die Erlebnisse, denen wir im Alltag begegnen, können zu Übungen werden, durch die sich allmählich eine andere Welt offenbaren kann. Dadurch können wir Kräfte entwickeln, mit denen wir die großen Lebenskrisen mit mehr Vertrauen durchstehen können.

Die Rolle der Prüfungen auf dem modernen Einweihungsweg

Wie bereits dargestellt, spielen Prüfungen eine bestimmte Rolle bei der Einweihung. Das war bei den alten Mysterien der Fall und es gilt auch für den modernen Einweihungsweg. Im Streben nach der Einweihung kann man verschiedene Wege gehen. Es gibt Menschen, die durch das ganz gezielte Durchführen von Übungen Fähigkeiten aufbauen, mehr oder weniger losgelöst von den Geschehnissen des Lebens. Der Einweihungsweg ist dann eine verhältnismäßig selbständige Angelegenheit. Man übt unter ruhigen Umständen und wird dadurch stärker, sodass man in schwierigen Situationen die so entwickelten Kräfte zur Verfügung hat. Andere sind weniger aufs »Vorüben« aus, sondern sie sind darauf angewiesen aus den Erfahrungen zu lernen, die das normale Leben mit sich bringt. Fehlschläge oder Krankheiten werden zu Herausforderungen, etwas lernen zu können. Man muss dann jedoch bereit sein, diesen Lernprozess trotz aller Schwierigkeiten zu vollziehen. Vor dem Betreten dieses »Erfahrungsweges« kann ein Wissen um die Art der Prüfungen hilfreich sein. Beide Annäherungen – die des vorab durchgeführten Übens und die des

Lernens von den Erfahrungen, die das Leben bereithält – haben ihren eigenen Stellenwert auf dem Einweihungsweg. Sie können auch kombiniert vorkommen.

Bei den nun folgenden Beschreibungen der Prüfungen möchte ich zuerst kurz auf die Prüfungen in den alten Mysterien eingehen.

Schon in den alten Mysterien wie zum Beispiel denen Ägyptens und der Germanen gehörten zum Einweihungsweg Prüfungen. Schüler, die in den Tempel aufgenommen worden waren, um den Einweihungsweg zu durchlaufen, wurden zu einem bestimmten Zeitpunkt von einem Priester, dessen Obhut sie anvertraut worden waren, für reif erachtet, den Prüfungen unterzogen zu werden. Dies geschah jedoch nicht ohne die jeweils entsprechende Vorbereitung. Der Schüler wurde in schwierige oder gefährliche Situationen gebracht, um seinen Mut zu beweisen. Er musste an seine Grenzen gelangen; und eine solche Grenzsituation musste er aushalten können.

Wie sah eine solche Prüfung konkret aus?

Das erste Mal, dass ich von der Existenz von Prüfungen im Zusammenhang mit einem Einweihungsweg hörte, war, als ich mit meiner Familie die Externsteine in Deutschland besuchte. Hier war früher das zentrale Heiligtum der Germanen. Es besteht aus vier Felsen, ungefähr 45 Meter hoch. Bei der Führung wurde uns erzählt, dass früher zwischen zwei der Felsen eine kleine Seilbrücke gespannt war, über die der Einzuweihende balancieren musste. Dies verlangte ein hohes Maß an Körperbeherrschung, Ruhe und einen guten Umgang mit dem eigenen Gewicht. Wenn man abstürzte, bedeutete dies den Tod!

Ein anderes Beispiel für eine Mutprobe bei den Germanen finden wir kurz angedeutet in der Edda, dem Buch der Götter- und Heldensagen aus der norwegischen Mythologie. Dort wurden die Einzuweihenden ein paar Tage lang an den Füßen, also kopfüber, während einer Frostperiode an einen Baum gehängt. Allein für den Leib war dies eine enorme Belastung, die sie auszuhalten hatten. Schmerz, Angst, Empörung und Wut waren die Elemente, denen sie bei dieser Prüfung begegneten.

Ähnliche Prüfungen wurden in den Initiationsriten primitiver Völker eingesetzt. So mussten die jungen Männer in bestimmten amerikanischen Indianerstämmen einen Löwen töten, um als Krieger in den Stamm aufgenommen zu werden.

Meiner Meinung nach können wir im Alltag, wenn wir uns einfach nur umschauen, bestimmten Entsprechungen zu dem, was früher die Prüfungen waren, begegnen. Ich denke hier an eine Jahrmarktsattraktion wie das »Bungee-Jumping«. Beim Bungee-Jumping springt man mit einem langen Gummiseil an den Beinen von einem hohen Kran herunter. Das Gummiseil ist gerade so lang, dass es kurz vor dem Boden zurückschnellt. Man kann auch an das zunehmende Interesse für das Ausüben gefährlicher Sportarten, wie Bergsteigen oder Canyoning denken (das Entlangklettern an Wasserfällen, wobei oft große Sprünge entlang der Wasserfront notwendig sind). All diese populären Aktivitäten haben eines gemeinsam: Sie konfrontieren uns mit der Gefahr und mit den eigenen Grenzen.

Indem er eine solche Prüfung aushalten musste, entwickelte der Schüler in früheren Zeiten innere Kraft und Mut. Und diesen Mut benötigte er für die Fortsetzung seines Einweihungsweges. Im weiteren Verlauf dieses Weges musste er nämlich immer die bei den Übergängen in eine höhere Klasse bereits erworbenen Sicherheiten aufgeben, obwohl es noch keine neuen Sicherheiten gab. Er musste es ertragen, mit seinem *wirklichen,* innersten Wesen konfrontiert zu werden: Zum Beispiel mit der Wirklichkeit seiner eigenen karmischen Vergangenheit, welche hinter einem Schleier im Unbewussten verborgen liegt. Oder er wurde sich seiner großen Unzulänglichkeit bewusst, wenn er erfahren musste, was seine eigentlichen Möglichkeiten gewesen wären. Dies waren bestürzende Erfahrungen, die er nur dann ertragen konnte, wenn er über genügend Mut verfügte.

Auch in einer späteren Phase benötigte der Schüler diesen Mut, um aushalten zu können, was er an Wesen und Kräften in der geistigen Welt sehen würde. Um derartige intensive Begegnungen ertragen zu können, musste er genügend innere Kraft entwickelt haben.

Beispiele dessen, wie die Prüfungen in den alten Mysterien praktiziert wurden, können uns helfen, Einsichten zu gewinnen in den Verlauf der Prüfungen in den heutigen »Mysterien«. Es bestehen jedoch neben wesentlichen Übereinstimmungen auch wichtige Unterschiede.

Betrachten wir zuerst einmal die Rolle des Priesters in den Alten Kulturen. Wo früher der Priester aufgrund seiner Weisheit und Einsicht den richtigen Augenblick für einen nächsten Schritt bestimmte, wird dieser Schritt nun durch das Leben selber »organisiert«. In unserer Zeit steht uns kein Priester oder Guru zur Seite, der uns sagt, welchen nächsten Schritt wir auf unserem Weg tun müssen. Durch den Lauf des Lebens gerät man regelmäßig in Situationen, die eine echte Prüfung für einen bedeuten: Man merkt, dass man an seine Grenzen gelangt, man wird unsicher. Man kann Angst bekommen, es kann sogar Panik entstehen. Aus der Perspektive der Prüfungen sind dies die Augenblicke, bei denen man wach sein muss, denn gerade in solchen Momenten kann etwas Neues entstehen. Ob man die Prüfung in ihrer ganzen Bedeutung erkennt, hängt also von der eigenen Wachsamkeit ab.

Eine Prüfung kann in der heutigen Zeit in verschiedenen Formen auftreten. Sie kann erscheinen in Gestalt einer akuten Krankheit oder eines Traumas. Sogar das Auftreten eines akuten Hexenschusses kann man durchaus so auffassen. Aber auch eine Beziehungskrise oder Krise in einer Arbeitsgemeinschaft kann den Charakter einer Prüfung besitzen. Sie kann auch in Gestalt einer Herausforderung auftreten, bei der man eigentlich das Gefühl hat, dass sie zu früh kommt, oder die eigenen Fähigkeiten überfordert. So widerfuhr mir einmal folgendes.

Ich war Vizevorsitzender eines Vereins. In einer solchen Funktion weiß man, dass man automatisch als Kandidat für die Nachfolge des Vorsitzenden angesehen wird, wenn dieser aufhört. In diesem Fall beendete der Vorsitzende sein Amt umständehalber viel eher als erwartet, und man fragte mich tatsächlich, ob ich sein Nachfolger werden wolle. Nach meinem Empfinden war dies viel zu früh. Ich fühlte mich noch viel zu jung und unerfahren für ein solches Amt. Aber ein Freund von mir sagte, um mich zu unterstützen: »Bei solchen Fragen denkt man immer, dass sie zu früh kommen. Du musst einfach mal anfangen und dabei lernen!« Später zeigte sich, dass er Recht hatte. Bei dieser Art von Vorkommnissen geht es immer um die Begegnung mit den eigenen Grenzen.

Größere Prüfungen können in den Lebensphasen auftreten, in denen dramatische Entwicklungen stattfinden. Es gibt Phasen, in denen man überhaupt nicht mehr weiß, was man tun muss. Es kommen einem große Zweifel und man wird völlig ratlos. Man muss Entscheidungen treffen, die einem über den Verstand gehen und die schwere Konsequenzen für andere haben. Bei Ehescheidungen tritt diese Art von inneren Konflikten oft auf. Hinter solchen eingreifenden Entscheidungen verbergen sich wiederum oft Entscheidungen ganz grundsätzlicher Natur: Welchen Standpunkt möchte man im Leben vertreten? Welchen Werten will man folgen? Eine Begebenheit aus meiner Praxis soll dies veranschaulichen.

Es kam einmal ein Ehepaar zu mir. Der Mann hatte sich in eine andere Frau verliebt, die natürlich viel netter und hübscher war als seine Gattin. Diese konnte sich das vorstellen; sie hatte eine Reihe von Kindern zur Welt gebracht und fühlte sich abgearbeitet und langweilig geworden durch die einseitige Rolle im Haushalt. Wie geht man in einer solchen Situation mit seiner Beziehung um? Warum sollte man seine Ehe fortsetzen, wenn sie farblos geworden und kaum noch Wärme vorhanden ist? Ein möglicher Gesichtspunkt ist tatsächlich der, dass es dann das Beste ist, sich scheiden zu lassen und ein neues Leben anzufangen, in dem die Gefühle wieder rauschen können. Doch die Situation kann auch als Anlass dienen, nach einem neuen Standpunkt, eine neue Perspektive zu suchen, von der aus die Situation wieder zu einer neuen Herausforderung wird. Im betreffenden Fall wurde diese in einem Bild, das Dostojevski beschreibt, gefunden. Er sagt sinngemäß: »Jemanden lieben bedeutet, ihn so zu sehen, wie Gott ihn gemeint hat.« Wenn man jemanden so sehen will, verlangt dies, dass man durch die Oberfläche dessen, wie sich jemand benimmt, hindurch sieht. Denn es sind oft Rollen, in denen sich der Betreffende gefangen fühlt. Man kann versuchen, sich über seine Kritik hinwegzusetzen und sich klarzumachen, dass die Dinge, die einen am meisten stören, wahrscheinlich gerade die sind, die den anderen selber noch viel mehr stören. Wenn man bereit ist mitzuhelfen, damit sich die störenden Elemente auflösen und Platz geschaffen wird für neue Kräfte, ist das auch eine Form von Liebe.

Diese neue Auffassung, wie mit einer Beziehung umgegangen werden kann, gab dem erwähnten Ehepaar mehr Bewegungsfreiheit, wodurch ein neuer Einstieg in die Beziehung geschafft werden konnte.

Solche Momente, in denen man sich grundsätzlich entscheiden muss, können einem so recht bewusst werden lassen, dass man vor einem Abgrund steht, der sich zwischen zwei Phasen des Einweihungsweges öffnet. Die »gegenüberliegende Seite« ist vorerst noch unsichtbar. Auch die Sicht auf das, was geschieht und ebenso die Vorstellung von dem, was danach kommen wird, verschwindet. Es verlangt Mut, einen Entschluss zu fassen, den Sprung über den Abgrund zu wagen. Dabei muss man das Alte loslassen können. Dies kann wie eine Art Sterbeprozess erlebt werden!

Nun kann man sich fragen, was einem Ereignis denn eigentlich den Charakter einer Prüfung verleiht. Dies wird nicht so sehr von dem Geschehnis an sich bestimmt, sondern eher durch die eigene Haltung, die man ihm gegenüber einnimmt. Wenn man keinen Einweihungsweg gehen möchte, sind solche Momente einfach erbärmlich und höchst unangenehm. Wenn man das Ereignis als Prüfung betrachtet, erscheint es interessanterweise in einem anderen Licht. Man muss daher eigentlich, um einer Prüfung ihren wahren Wert verleihen zu können, das Ereignis *auf zwei verschiedene Arten gleichzeitig* erleben. Einerseits erlebt man diejenige Seite daran, die es u. U. zum Drama macht, wobei man sich oft verzweifelt, machtlos und einsam fühlen kann. Daneben muss man lernen, das Ereignis auch als Zuschauer zu erleben, der einem sozusagen von einem anderen Standpunkt aus über die Schulter zusieht und der auch wahrnimmt, was in einem selber vorgeht. Dieser Zuschauer nimmt als ein nahe Beteiligter wahr, was *eigentlich* geschieht. Durch diese Haltung kann sich die Bedeutung des Geschehens auf einem höheren Niveau offenbaren. (Diese Zuschauerrolle kann man übrigens auch später, wenn man auf die betreffende Erfahrung zurückblickt, einnehmen.)

Geht das nun ganz von selbst, dass das Leben einen in Prüfungssituationen führt?

Oberflächlich betrachtet scheint es so, und man ist leicht geneigt, von »Zufällen« zu sprechen. Doch man kann auch versuchen, sich das einmal anders vorzustellen, zum Beispiel so, das es doch noch so etwas wie einen »Priester« gibt, der die Prüfung für einen arrangiert. Dieser Priester befindet sich jetzt aber nicht auf der Erde, wie in den Alten Kulturen, sondern in der geistigen Welt. Man kann ihn vielleicht als das eigene höhere Ich sehen oder als einen Engel; man kann seine ganz persönliche Vorstellung damit verbinden. Auf jeden Fall handelt es sich um ein Wesen mit einer Weisheit, welche die unsrige weit übersteigt, ein Wesen, das einen viel umfassenderen Überblick über unser Leben hat. Es weiß, was hindernd aus der Vergangenheit wirkt und was in der Zukunft entwickelt werden will, und es handelt dementsprechend.

Wenn man auf diese Weise versucht, sich ein Bild von der Wirkung des sogenannten »Zufalls« zu machen und nach dem sucht, was möglicherweise von einem erwartet wird, dann kann man durch seine fragende Haltung ein lebendiges Bild von der Wirkung der geistigen Welt erhalten.

Harry Mulisch beschreibt in seinem Buch *Die Entdeckung des Himmels* einen ähnlichen Prozess. Er gibt darin ein Gespräch zwischen zwei Engeln wieder. Diese besprechen ein Projekt, das der eine von ihnen gerade ausführt. Dieser Engel soll nämlich dafür sorgen, dass ein Mensch geboren wird, der geeignet ist, eine bestimmte Aufgabe des Himmels auszuführen. Der Engel beschreibt, dass er eine kurze Vorbereitungszeit hat, nämlich nur drei Generationen. Er erzählt dem anderen, wie er immer die »zufälligen« Umstände verursacht, wodurch die richtigen Menschen einander begegnen, um die Großeltern und Eltern der betreffenden Person zu werden. Ein anschauliches Beispiel dessen, wie man sich die Wirkung der »Führung« aus einer höheren Welt vorstellen könnte.

Wenn man nun regelmäßig an seine Grenzen kommt und dies aus dem beschriebenen »doppelten Bewusstsein« heraus zu erfahren versucht – also einerseits das Ereignis erfahrend und erleidend, andererseits sich selbst über die Schulter zuschauend –, dann kann man Schritt für Schritt die Grenze, die einen von der nächsten Stufe des Einweihungsweges trennt, überschreiten.

Das Ziel der Prüfungen

Was für ein Ziel wollen die Wesen, die unser Leben von der geistigen Welt aus durch die Prüfungen lenken, mit uns erreichen? Dieses Ziel befindet sich auf zwei verschiedenen Ebenen. Auf der einen geht es um das Erwecken von Mutqualitäten in der Seele, auf dem anderen Niveau geht es um das Erlangen von Einblicken und Erkenntnissen von bestimmten Gebieten der geistigen Welt.

Halten wir kurz inne bei einem praktischen Beispiel. Stellen Sie sich vor, Sie fahren mit dem Auto irgendwohin. Sie sind schon etwas spät dran, und um doch noch rechtzeitig zu kommen, beeilen Sie sich folglich. Dann geraten Sie hinter jemanden, der 60 km pro Stunde fährt, auf einem Straßenstück, wo 80 km erlaubt sind … Ungeduld, Ärger und eine Reihe von Urteilen über den vor Ihnen fahrenden Autofahrer kommen in Ihnen hoch, vielleicht fangen Sie sogar an zu schimpfen.

Wenn man diese Situation als Prüfung sehen will, bedeutet dies also, dass man diese »Krise« auf zwei verschiedene Arten durchleben kann, nämlich einerseits als Betroffener, andererseits als Zuschauer. Anders ausgedrückt: Vom Standpunkt der erlebenden Seele und vom Ich aus. In der *Seele* – der einen Ebene – erlebt man die Stimmung von Eile und das Gefühl von Ohnmacht und Ärger. Die negativen Urteile (die man in einem anderen Moment bei sich selbst wahrscheinlich ziemlich niveaulos finden würde) bestimmen das Denken. Vom *Ich* aus auf die Situation blickend – das in der Lage ist, die Situation als eine »Prüfung« aufzufassen – geht es darum, die Gefühle und Emotionen auszuhalten. Dadurch entstehen neue Seelenkräfte wie Mut und Beständigkeit. Der »Zuschauer« in uns, unser Ich, sieht dies alles mit an. Und durch dieses Wahrnehmen und Miterleben kann sich allmählich eine andere Wirklichkeit offenbaren, nämlich die der Seelen- oder Geisteswelt. Man merkt dann, dass man es nicht nur mit irgendeinem willkürlichen Moment zu tun hat, in dem man zu spät kommen wird, weil jemand vor einem trödelt, sondern dass man eine Begegnung mit ganz verschiedenen *Kräften* hat. Man begegnet seiner eigenen Ungeduld, seiner Intoleranz anderen gegenüber, seiner Angst vor dem Zurückgewiesen-Werden, wenn man zu spät kommt. Dies sind mehr als nur persönliche Gefühle, es sind *wirkende Kräfte der Seele.* In dem

Abschnitt über die Stufe der Vorbereitung (siehe Seite 21) habe ich diese Kräfte beschrieben. Hinter diesen Kräften verbergen sich wiederum die Wesen der geistigen Welt, in der diese Kräfte ihren Ursprung haben. Es sind also reale Aspekte einer bestimmten Stufe des Einweihungsweges, die nun sichtbar werden.

Hierbei muss einem jedoch ganz klar sein, dass es nicht Sinn der Sache ist, nur abstrakt als »Zuschauer« eine solche Begebenheit mitzuerleben; es wäre auch nichts erreicht, wenn man sich zum Beispiel sagt: »Diese Unannehmlichkeit wird wohl ihren Grund haben, also werde ich sie eben erdulden.« Oder: »Es wird wohl mein Schicksal sein, also muss ich dies erleiden«, um dann teilnahmslos am Rande stehen zu bleiben. Die Prüfung bringt einem nur dann etwas, wenn man die Erfahrung vollkommen und total *durchlebt*, wenn also in der Seele eine lebhafte Aktivität stattfindet, mit der das Ich aktiv an die Arbeit geht. Nur aus Erfahrungen, die auch tief in der Seele zugelassen werden, können sich wirklich Fähigkeiten der Seele und des Geistes entwickeln.

Prüfungen im täglichen Leben

Wie oft kommen diese Prüfungen nun im Leben eigentlich vor? Wenn man eine bestimmte Zeit lang, zum Beispiel zwei Wochen, täglich auf die Erlebnisse des vergangenen Tages zurückblickt und sich auf die Suche macht nach Situationen, in denen man kurz an seine Grenzen geraten ist, wird man zu dem Ergebnis kommen, dass sehr viele Situationen auftreten, die als eine Prüfung im Kleinformat anzusehen sind. Es bieten sich viele Begebenheiten aus dem Alltagsleben an, die sich aus dieser Perspektive betrachten lassen. Wenn man zum Beispiel einen kleinen Streit über den Abwasch in dieser Weise unter die Lupe nimmt, wird sich zeigen, dass in solchen »kleinen Prüfungen« die gleichen Kräfte wie Verletztheit, Ärger, mangelnde Selbstsicherheit usw. wirksam sind wie in den großen Prüfungen. Indem man sich dieser kleinen Prüfungen bewusst wird, entwickelt man in kleinen Schritten die betreffenden Seelenkräfte. Diese Erfahrungen sind hilfreich, wenn die großen Prüfungen auftreten, zum Beispiel in Gestalt einer echten Lebenskrise, einer Beziehungskrise, oder Krisen im Zusammenhang mit der (richtigen) Wahl eines neuen Schrittes in der beruflichen Karriere. Bei diesen großen Krisen ist es viel schwieriger das Bewusstsein davon aufrechtzuerhalten, dass man in eine Prüfung geraten ist, weil die Angst und Unsicherheit größer sind und zudem mehr und komplexere Prozesse dabei eine Rolle spielen. Doch wenn man in kleineren Prüfungen Erfahrungen gesammelt hat, ist man besser für die größeren gewappnet.

Auf dem Einweihungsweg begegnen wir drei Prüfungen, von denen jede eine ganz eigene Herausforderung darstellt. Sie werden in der esoterischen Literatur traditionell angedeutet als *Die Feuerprobe, Die Wasserprobe* und *Die Luftprobe.* Im Leben treten sie nebeneinander und durcheinander auf. Dennoch gibt es eine bestimmte Reihenfolge. Die Wasserprobe besteht man leichter, wenn man Erfahrung mit der Feuerprobe hat, und die Luftprobe kann man besser meistern, wenn man Erfahrung in den beiden anderen hat.

Die Feuerprobe

Beim modernen Einweihungsweg geht es immer um ein Spannungsfeld: Das Spannungsfeld zwischen dem Menschen, zu dem man aus der Vergangenheit geworden ist und dem Menschen, der man in der Zukunft werden will.

In *dem Menschen, zu dem man geworden ist* wirken alle Erfahrungen aus dem jetzigen Leben fort: die Erfahrungen aus unserer Jugend und unserer Erziehung sowie aus allem, was wir getan haben. Auch die körperliche und psychische Konstitution und deren Einfluss auf die Erfahrungen gehören hier mit dazu. Hinter diesen Faktoren verbirgt sich das »alte Karma«, das heißt die Erfahrungen aus den vorigen Leben, die beeinflussen, wer und wie man in diesem *jetzigen* Leben ist.

Gerade diese Erfahrungen aus früheren Leben haben zu der konstitutionellen Veranlagung geführt, die man in diesem Leben hat. Diese Veranlagung äußert sich unter anderem in der Grundstimmung, mit der man durchs Leben geht und im Temperament. Sie bewirkt zum Beispiel, ob man sehr offen ist für die Stimmung anderer. Die Konstitution macht die Erfahrungen dieses Lebens »bunter«.

So wird ein phlegmatisches Kind ein bestimmtes Ereignis ganz anders erleben als ein melancholisches. Beide bauen unter den gleichen Bedingungen eine jeweils völlig andere Erlebnisgrundlage auf.

In *dem Menschen, der man werden will,* leben Bilder von den *Möglichkeiten*, die man in der *Zukunft* entwickeln kann. Diese Bilder sind als Keime schon von klein auf in einem vorhanden. Sie haben ihren Ursprung in der Phase, die vor der Geburt liegt, in der man sich bestimmte Dinge für sein Erdenleben vorgenommen hat. In diesem Leben erinnern wir uns nicht mehr daran, die Bilder werden in unserem Unterbewusstsein aufbewahrt. Von dort aus können sie sich jedoch ins Bewusstsein vorarbeiten. So können bestimmte Ideale sich schon früh heranbilden, doch es kann lange dauern und viel Geduld verlangen, bis sie wirklich ausgearbeitet werden können.

In diesem »Zukunfts-Menschen« leben auch Bilder davon, wie der Mensch als Wesen in der Zukunft einmal sein könnte. Diese Bilder tragen alle Menschen in sich, sie bilden die Grundlage für höhere moralische Ideale. Bewusst oder unbewusst sind wir immer dabei, diesen »Zukunfts-Menschen« aus uns geboren werden zu lassen. Das hat zur Folge, dass wir die hemmenden Faktoren, die durch den »Vergangenheits-Menschen« verursacht werden, erst überwinden müssen. Mit dieser Art von Situationen hat die Feuerprobe zu tun.

Was genau ist denn die Feuerprobe? In dieser Prüfung geht es um eine Art Verbrennungsprozess. Zwischen der physischen Welt und der Seelen- und Geisteswelt liegt sozusagen ein Schleier: Die geistige Wirklichkeit können wir nicht einfach so wahrnehmen. In der Feuerprobe wird dieser Schleier sozusagen verbrannt.

Bezeichnend für die Feuerprobe ist, dass sie durch die Ereignisse des Lebens selbst unseren Weg kreuzt. Man gerät im Laufe des Lebens wiederholt in Situationen, in denen man mit seinen Grenzen konfrontiert wird. Man muss dann versuchen eine Antwort auf diese Situationen zu finden.

Wenn man auf sein Leben zurückblickt, kann man eine beschränkte Anzahl von großen Feuerproben erkennen. Wenn man auf einen Tag zurückblickt, kann man »Miniversionen« davon erkennen. Oft ist es auch so, dass eine Feuerprobe nicht in einem Mal durchlaufen wird. Sie wiederholt sich ein paar Mal, wobei man jedes Mal ein bisschen weiterkommt.

Alltägliche Kleinigkeiten

Ich werde mit einem konkreten Beispiel einer kleinen Feuerprobe beginnen. Stellen Sie sich vor: Sie kommen nach einem anstrengenden Arbeitstag nach Hause, und dort stellen Sie fest, dass ihr Partner das Wohnzimmer anders eingerichtet hat. Der Tisch, die Stühle, die Couch – alles befindet sich an einem anderen Platz. Sie haben das noch nie leiden können und sind denn auch gleich verärgert. Ihr Partner weiß doch inzwischen, dass Sie das nicht mögen; warum kann er oder sie denn darauf keine Rücksicht nehmen? Sie fühlen sich verletzt und nicht verstanden, und schon bald herrscht eine gedrückte Stimmung, ein Streit hängt in der Luft.

Es gibt unzählige solcher Beispiele aus dem täglichen Leben, wobei man an die Grenzen dessen gelangt, was man erträgt. Auch wenn man krank wird oder wenn es Konflikte am Arbeitsplatz gibt, kann das zu Grenzerfahrungen führen.

Wie setzt man das nun konkret um, wenn man eine bestimmte Situation als Prüfung sehen will? Zunächst geht es darum, im Moment der Prüfung selber wach zu sein; dann, zweitens, das Erlebte im Nachhinein von einem höheren Standpunkt aus zu betrachten. Meistens versteht man ja vieles erst hinterher. Und dieses Verstehen der Situation lässt einen u. U. erkennen, wann sich eine ähnliche Situation wiederholt. Blicken wir zuerst auf das Beispiel mit dem umgeräumten Zimmer und fragen, wie wir, unter dem Blickwinkel des nachträglichen Verstehens dieses Vorgangs im Sinne einer Prüfungssituation, vorgehen können.

Zuerst müssen Sie sich überhaupt einmal realisieren, dass die an sich unangenehme Situation als Prüfung gesehen werden kann. Als nächstes, als ersten Schritt sozusagen, können Sie ganz detailliert betrachten, was denn nun eigentlich geschehen ist. Wie kamen Sie herein, wie war Ihre Stimmung, an was haben Sie gedacht? Und was genau an dem Wohnzimmer hatte sich denn geändert? Die Tatsachen müssen von selber sprechen, dabei geht es sowohl um die äußerlichen als auch um die inneren Tatsachen, die die Folge davon waren. Unter »inneren« Tatsachen verstehe ich sowohl die Gefühle und Emotionen, die auftraten, als auch die Ansichten, die in einem hochkamen. Also: Welche Gefühle traten genau auf? War das Ärger, Wut? Fühlten Sie sich verletzt, oder war da noch etwas Anderes? Was genau verursachte denn den Ärger? Was für Meinungen kamen spontan in Ihnen hoch? Zum Beispiel: »Das kannst du doch nicht machen, einfach das Zimmer umräumen!« Oder: »So etwas muss man erst gemeinsam überlegen!« Oder: »Du nimmst nie Rücksicht auf mich!« Es können auch tiefere Gefühle als Echo mitschwingen: »Niemand nimmt je Rücksicht auf mich!«

Dieses nachträgliche Vergegenwärtigen bezweckt zweierlei. Erstens geht es darum, sich, indem man Fakten sammelt, einen Überblick über das Ereignis als ganzes zu verschaffen. Eine einfache Angelegenheit ist schließlich zusammengestellt aus unzähligen kleinen Details, von denen jedes seinen eigenen Wert hat. Sie verbergen sich jedoch oft hinter dominanteren Elementen wie Ärger oder dem Gefühl des Verletztseins. Auch können ganz verschiedene und manchmal auch gegensätzliche Gefühle auftreten, die nicht richtig an die Oberfläche treten können, wegen anderer, dominanterer Gefühle. So ist z.B. Schreck oft verbunden mit unter anderem Angst und Enttäuschung. Gerade diese Elemente, die verborgen zu bleiben drohen, bilden oft den Anhaltspunkt für neue Erkenntnisse über einen selbst.

Zweitens verschafft dieses detaillierte Wahrnehmen eine Art Abstand zu dem, was geschehen ist. Wenn man, wie in unserem Beispiel, verärgert war, überwiegt dieses Gefühl der Verärgerung und droht alle anderen Gefühle in der Seele zu beherrschen. Wenn man versucht, ganz genau zu beschreiben, wie diese Verärgerung war, ob man sie mehr im Bauch gespürt hat oder mehr im Brustkorb, welche Reaktionen sie hervorrief und auch, welche Fakten genau diese Verärgerung verursachten, dann bekommt man Abstand zu diesem primären Gefühl. Man macht es sozusagen zum Objekt. Mit anderen Worten: Das Ich macht die Erfahrung zu seinem Objekt des Wahrnehmens. Es betrachtet also die Seele und bekommt dadurch Abstand zur Seele. So bildet man einen »zweiten Menschen« in sich aus: denjenigen, der über die Schulter mit zuschaut. Dieser zweite Mensch kann allmählich zum Lenker umgeformt werden.

Dieses ist eine typische Aktivität, die zur Stufe der Reinigung gehört. Indem man Abstand zu den Emotionen gewinnt, entsteht ein größeres Maß an innerer Ruhe. Die Gefühle überwältigen einen weniger, und dieser zweite Mensch kann versuchen wahrzunehmen, was denn nun eigentlich geschehen ist. Tatsächlich beweist die Praxis, dass eine solche detaillierte Beschreibung eine verobjektivierende Wirkung hat.

In dem genannten Beispiel bedeutet dies, dass nicht nur der Ärger wahrgenommen wird, sondern auch das leichte, unbestimmte Gefühl der Bedrohung, welches das veränderte Zimmer beinhaltet.

In einem nächsten Schritt kann man sich die Frage stellen: Was begegnet mir denn hier eigentlich? In welchem Kräftefeld befinde ich mich? Und was befindet sich auf der anderen Seite der Grenze? Man wird dann erkennen können, dass bestimmte Gefühle, wie z.B. Ärger, die Aufgabe haben, andere Gefühle – wie das des Sich-Bedrohtfühlens – nicht *bewusst* erleben zu lassen. Diese dringen dann nicht ins Bewusstsein durch. Das eine Gefühl beschützt uns sozusagen vor einem anderen, schmerzhafteren Gefühl.

Ergebnisse der Feuerprobe

Wie können die konkreten Ergebnisse der Feuerprobe beschrieben werden? Um diese zu entdecken, betrachten wir sowohl das, was in der Seele vorgeht, als auch das, was geistig geschieht.

In der angeführten Situation kann man deutlich bemerken, wie schnell Ärger und das Gefühl des Verletztseins auftreten; Urteile aller Art kommen dazu. Emotionen können das Ichbewusstsein überrollen, welches akut überwältigt wird von den Vorgängen in der Seele. In einer solchen Situation droht man schnell abzurutschen auf ein niedrigeres

Verhaltensiveau, indem man streitet, keift oder sich in verletztes Schweigen hüllt. Möchte man dieses Abrutschen vermeiden, dann muss man dieses Gefühl des Verletztseins erkennen und aushalten. Man muss bemerken und sich eingestehen, dass dieses Gefühl zunächst nur etwas über einen selbst aussagt und nicht etwa über den Partner. Vielleicht muss man sich sogar entschuldigen. Das verlangt Geistesgegenwart, Mut und Bereitschaft zur Selbsterkenntnis.

Oft wird es nicht gelingen, im Augenblick selbst den Kurs zu ändern und man schafft es erst beim zweiten Mal. Wenn man jedoch erst einmal diese eigenen Gefühle wahrgenommen und erkannt hat, wird man das nächste Mal in einer solchen Situation stärker sein und das Muster eher erkennen können.

Was offenbart sich nun in diesem offensichtlich kleinen Vorfall? Um das erkennen zu können, muss man sich immer wieder klarmachen, dass man, indem man es wagt sich der Feuerprobe zu unterziehen, einen Erkundungsschritt auf ein Gebiet macht, das zu einer nächsten Stufe des Einweihungsweges gehört. Dabei bekommt man es mit andersartigen Fakten und Gesetzmäßigkeiten zu tun. Diese erfordern zum Beispiel weitergehende menschenkundliche Erkenntnisse. Ich möchte versuchen, das zu verdeutlichen.

Sie werden mit dem Phänomen konfrontiert, dass Sie es einfach furchtbar finden, dass Ihr

Wohnzimmer verändert worden ist. Ihre schnelle, verärgerte Reaktion verdeutlicht, *wie* schlimm Sie dass eigentlich finden. Sie können daraus schließen, dass Sie ziemlich konservativ oder inflexibel sind. Das mag tatsächlich stimmen, doch es bleibt eine Erkenntnis auf *dieser* Seite der Grenze. In der Feuerprobe können Sie noch weiter gehen. Sie werden beginnen, neue Fragen zu stellen. Sie können sich zum Beispiel fragen, wie Sie den Raum um sich herum erleben und wie er auf Sie wirkt. Auch können Sie überlegen, wie die Form und die Einrichtung eines Raumes jemanden im Allgemeinen beeinflussen. Manche Menschen fühlen sich sozusagen abhängig von der Raumeinteilung um sie herum. Sie verleiht ihnen sozusagen die Stütze, die ihnen selbst vielleicht etwas fehlt. Und wenn daran etwas verändert wird, trifft es sie hart. Ein ähnliches Phänomen ist bei Menschen zu beobachten, die sich schnell verunsichert fühlen, sobald man ihnen körperlich zu nahe kommt.

Was zeigt uns das? Diese Erfahrungen lassen einen die Beschaffenheit des Kraftfeldes in und um unseren Körper herum erkennen. Dies ist jenes Kraftfeld, welches man meistens mit dem Wort »Aura« andeutet und welches für Menschen mit übersinnlichen Begabungen direkt wahrzunehmen ist. In dem genannten Beispiel geht es – mit einem anthroposophischen Terminus – um Qualitäten des sogenannten Ätherleibes. Wenn man diese Seite des eigenen Wesens auf solche Art zu erleben beginnt, kann man sie von seinem Bewusstsein aus in die Hand nehmen und kultivieren. Und das bedeutet konkret: Man wird weniger verletzbar werden.

Indem man über eine so einfache Sache wie eine Meinungsverschiedenheit beim Neueinrichten des Wohnzimmers nachdenkt, kann einem klar werden, wie bestimmte Eigenschaften der eigenen Aura bzw. des Ätherleibs beschaffen sind. Und das sind Informationen, die aus der Welt »jenseits der Grenze« stammen.

Im Rahmen der Feuerprobe können Sie sich übrigens auch fragen, wie das Ganze für die andere Partei ausgesehen haben mag. Das kann zu einer Vermutung über die Verfassung des anderen führen, und dies kann wiederum zur Folge haben, dass Sie mehr Verständnis für die Handlungsweise des anderen entwickeln. Sie können dann – um beim beschriebenen Szenario zu bleiben – vielleicht erfahren, wie der andere sich schon lange beherrscht, um das Zimmer nicht umzuräumen. Sie werden anfangen zu verstehen, dass jemand mit einer anderen Konfiguration, einem anderen inneren Kräftefeld, es richtiggehend braucht, von Zeit zu Zeit etwas an seiner Umgebung zu verändern.

Wenn Sie noch weiter gehen möchten mit der Untersuchung der Situation, können Sie sich die Frage stellen, wie es zu einer derartigen Konfiguration Ihres Ätherleibes gekommen ist. Sie können dies für dieses jetzige Leben rekonstruieren und dabei entdecken, welche Faktoren diese Veranlagung verstärkt bzw. geschwächt haben. Als nächstes können Sie sich fragen, welchen Einfluss Erfahrungen aus *früheren* Leben auf diese Veranlagung gehabt haben können. Rudolf Steiner nennt diverse Beispiele, wie Erfahrungen aus früheren Verkörperungen das Leben zwischen Tod und neuer Geburt beeinflussen, und wie dieses Leben seinerseits die Veranlagung zu einer neuen Konstitution bildet.

Aber es ist immer am fruchtbarsten, wenn man beobachtet, vor welche Herausforderungen einen das *jetzige* Dasein stellt; das ermöglicht Entwicklung in Richtung Zukunft.

So kann man anhand der Feuerprobe immer neue Gebiete »jenseits der Schwelle« betreten, Gebiete, die mit der eigenen Vergangenheit und Zukunft zu tun haben.

Die Stufen des Einweihungsweges und die Anforderungen der Feuerprobe

Kehren wir nun kurz noch einmal zu der Beschreibung des Einweihungsweges im ersten Kapitel zurück.

Dort ging es um die verschiedenen Stufen oder Klassen dieses Weges: Die Vorbedingungen oder Reinigung, die Vorbereitung, die Erleuchtung und die eigentliche Einweihung. Wie erkennt man diese verschiedenen Phasen in unserem Beispiel einer Feuerprobe wieder?

Sie beginnen mit der Situation des veränderten

Wohnzimmers. Sie kommen herein und sind mit Ihren Gedanken woanders. Was das Wohnzimmer betrifft, schlafen oder träumen Sie. Dann werden Sie von Gefühlen überwältigt und Sie müssen sich anstrengen, sie unter Kontrolle zu behalten. Das ist die Tätigkeit, die in der Klasse der Reinigung beschrieben wird: Sie müssen die innere Ruhe wieder herstellen.

Wenn man öfters mit der Feuerprobe zu tun gehabt hat, wird man sie schneller erkennen können, wenn sie wieder auftaucht, und man wird sich in dem Moment selbst besser in der Gewalt haben können. Die innere Ruhe wird eine selbstverständliche Fähigkeit. Man erfüllt die Voraussetzungen für die innere Entwicklung schon etwas mehr, und das macht einen reif für die nächste Stufe.

In der nächsten Phase, der Vorbereitung, geht es, wie wir sahen, darum, dass einem die wirkenden Kräfte bewusst werden. Zuerst erfährt man die Wirkung der Emotionen, sie verursachen sozusagen einen Sturm in der Seele. Später stellt man fest, dass dies mit der Konfiguration des Ätherleibes zusammenhängt. Das ist eine objektiv wirksame Kraft, die normalerweise unbewusst bleibt. Durch die Feuerprobe wird etwas davon verständlich.

Die Wasserprobe

Wenn man nach und nach höhere Bewusstseinsebenen erobert hat und auf dem Einweihungsweg also fortgeschritten ist, wird das Ich immer weniger von Emotionen und Trieben beeinflussbar werden. Die von der Konstitution ausgehenden Einflüsse werden immer geringer, und man schafft einen gewissen Abstand zu sich selbst. Die Impulse, die von Angst oder Egoismus ausgehen, werden weniger. Mit anderen Worten: Das Ich steht freier da im Seelenleben und es wird zugänglicher für die geistige Welt. Das hat zur Folge, dass nun allmählich andere Werte an Bedeutung gewinnen, und diese führen zu Impulsen, die mehr auf allgemeine oder soziale Werte ausgerichtet sind. Man trifft neue Entscheidungen. Man beginnt von sich aus neue Schritte zu unternehmen, im Bereich der Arbeit, in Beziehungen und auch ansonsten.

Dies führt uns in den Wirkungsbereich der Wasserprobe. Charakteristisch für diese Probe ist, dass es um das Unternehmen von Schritten geht, deren Anlass sich nicht offenkundig in der äußeren Welt findet, sondern die einer *inneren* Notwendigkeit entspringen. Diese Prüfung heißt »Wasserprobe«, weil man hier keinerlei Halt an den physischen äußeren Umständen hat; man erlebt sich selber wie im Wasser schwimmend, man muss den Kopf sozusagen inmitten und trotz der Strömung über Wasser halten können.

Wie kann man sich das vorstellen?

Dazu ein Beispiel. Jemand erzählte mir, wie er wegen seines Engagements für ein bestimmtes Thema immer öfter an die Öffentlichkeit treten musste. Er wurde gebeten, Vorträge zu halten und an Kongressen teilzunehmen, in denen er seinen Standpunkt zu vertreten hatte. Dabei wurde er auch in kontroverse Debatten verwickelt, in denen ihm manchmal die Angst in die Knochen fuhr. Fragen wie: »Weiß ich denn eigentlich genau, was ich hier erzähle?« und »Wer bin ich denn eigentlich, dass ich hier stehen muss?« tauchten in ihm auf. Dann konnte ihn eine schreckliche Verzweiflung übermannen. Ein solches Gefühl der Verzweiflung, welches von ganz anderer Art ist als die Unsicherheit oder Aufregung vor einem öffentlichen Auftritt, können einem das Gefühl geben, als würde einem im wahrsten Sinne des Wortes der Boden unter den Füßen weggleiten. Dies kann sich dann in körperliche Beschwerden umsetzen und Kopfschmerzen, Übelkeit oder Schwindel entstehen lassen.

In einer solchen Situation wird deutlich, dass es ein Spannungsfeld gibt zwischen dem, was man aufgrund früherer Schritte unternimmt und dem, was man innerlich tragen kann. Es hat stillschweigend eine Grenzüberschreitung stattgefunden, deren man sich nicht ganz bewusst gewesen ist. Durch entsprechendes Handeln muss man diesen inneren Sprung dann selbst nachvollziehen und wahrmachen.

Die Wasserprobe und die Seelenwelt

Wenn wir auf die Eigenschaften der Wasserprobe näher eingehen wollen, müssen wir, wie wir es auch bei der Feuerprobe getan haben, wieder die zwei verschiedenartigen Aspekte davon betrachten: Was geschieht in der eigenen Seele und welche Erkenntnisse bringt dies auf höheren Ebenen?

In der eigenen Seelenwelt geschieht folgendes: Wenn man neue Schritte verwirklicht, um die man selbst nicht ausdrücklich gebeten hat und für die es keinen ausdrücklichen Auftrag gibt, gerät man immer in ein Spannungsfeld. Oft hat man schon ein vages Gefühl, welche Richtung man einschlagen soll oder was man ungefähr will, doch das bietet nicht genügend Halt für konkretes Handeln. Der zu unternehmende Schritt muss allmählich deutlich werden. Dies bedeutet, dass man sich nicht auf Erfahrungen stützen kann, die man in der Vergangenheit gesammelt hat, sondern dass man bereit sein muss, im Vorwärtsschreiten, das heißt während man handelt, zu lernen.

Man kann es also einerseits als evident erleben, dass ein neuer Schritt getan werden muss und ihn gern machen wollen. Andererseits kann dieser neue Schritt auch Ablehnung hervorrufen. Innere Stimmen können allerlei Bedenken vorbringen. So eine Stimme kann zum Beispiel sagen: »Wer bin ich denn, dass ich dies täte?« oder: »Wieso sollte ich?« Dies sind die Stimmen des Zweifels.

Ein weiteres Spannungsfeld tritt auf zwischen der inneren Stimme, die einem sagt, dass man einen Schritt wagen sollte und dem Verlangen, etwas zu tun, was einfacher ist oder mehr dem Eigeninteresse dient. All diese Stimmen müssen besiegt werden. Es geht jetzt darum, der inneren Stimme, die durch das Beschreiten des Einweihungsweges stärker wird, zu folgen.

In der Seele wird also die Herausforderung hörbar: Übe Selbstbeherrschung. Diese Selbstbeherrschung ist natürlich leichter aufzubringen, je deutlicher man sich der eigentlichen Triebfeder bewusst ist. Denn schließlich muss ja daraus die Kraft entspringen, die einen weitergehen lässt. Oftmals aber ist man sich dieser inneren Impulse nicht so bewusst. Die Suche nach diesem inneren Motiv führt einen zu den Erkenntnissen, welche das Erleben der Wasserprobe einem geben kann. Die Wasserprobe enthüllt weitere Gebiete der Seelenwelt oder der geistigen Welt, Gebiete in denen unsere *Motive* ihren Ursprung haben.

Wir wollen schrittweise untersuchen, wie man das macht und in welche Gebiete man dann kommt.

Wenn man sich auf die Suche nach seinen inneren Impulsen begibt, kann man sich fragen: »Was will ich denn nun eigentlich?« Oder: »Wofür tue ich das eigentlich?« Das Gebiet, auf dem man die Antwort suchen muss, ist nicht die physische Welt, sondern die Seelenwelt oder geistige Welt. Es geht darum, dass man dort eine konkrete Inspirationsquelle findet, aus der man den Mut schöpfen kann, um schwierigen Situationen die Stirn bieten zu können.

So eine konkrete Inspirationsquelle muss etwas sein, für das man sich richtiggehend erwärmen kann; wenn die Inspirationsquelle zu hoch gehängt oder zu idealistisch wird, bietet sie keine richtige Stütze. So können »Gott«, »eine bessere Welt« oder der Erzengel Michael als Inspirationsquelle vielleicht Begriffe sein, über die man reden kann, aber das heißt noch lange nicht, dass man in Zeiten der Spannung oder Not in solchem Maße darauf zurückgreifen kann, dass man daraus die nötige Kraft schöpfen kann. Eine derartige Verbindung muss allmählich aufgebaut werden, schließlich geht es ja hierbei um Wesen, die in höheren Ebenen der geistigen Welt leben. Wenn man ihnen auch innerlich begegnen möchte, dann muss man den Weg schrittweise gehen.

Um einer Antwort auf die Frage »Wofür tue ich das?« näher zu kommen, kann man sich auf die

Suche machen nach einem konkreten Augenblick, in dem wir dieser Quelle (oder sie uns) ganz nahe waren, Erlebnisse, bei denen man merken konnte, dass man inspiriert wurde oder bei denen man stärkere Entrüstung oder Wut gespürt hat als sonst. Solche Augenblicke können sich als sehr wertvoll herausstellen.

Wenn man sich gehörig über etwas oder jemand geärgert hat, kann man hinterher denken: »Was rege ich mich denn so auf, wegen nichts! Was bin ich doch reizbar, ich muss mich mehr in Gleichmut üben!« und es dann dabei bewenden lassen. Man kann Augenblicke dieser Art auch ausnützen, indem man sich sagt: »Wenn ich mich durch etwas so aufbringen lasse, dann ist mehr los, als es den Anschein hat.« Oder: »Wenn ich mich so inspiriert gefühlt habe, bedeutet dies, dass mir in dem Augenblick mehr als sonst geschenkt wurde. Was könnte das sein?« Auf diese Art kann das Geschehen lebendig werden.

Ein Beispiel aus dem täglichen Leben: Jemand erzählte mir einmal, dass er sich furchtbar aufregen konnte, wenn er leere Pommes-Frites-Schalen auf der Straße herumliegen sah. Er wusste nicht wohin mit seiner Wut. Er fragte sich immer, warum er sich wegen einer solchen Kleinigkeit so aufregte. Später wurde ihm klar, dass er sich nicht über die Pommes-Frites-Schalen an sich aufregte, sondern über das, was sich dahinter verbarg: Gleichgültigkeit für das Lebensumfeld, fehlende Fürsorge (für die Umwelt), Liederlichkeit. Dahinter schien wiederum eine große Liebe und Sorge für das Lebensumfeld zu stehen, ausgehend von dem Gefühl, dass die Qualität dieses Umfelds großen Einfluss auf uns hat.

Indem man sich die Frage stellt: »Was hat mich eigentlich so betroffen gemacht?« oder: »Für was möchte ich mich eigentlich so stark engagieren?«, versucht man durch eine Erfahrung quasi hindurchzusehen, um zu entdecken, welche Wirklichkeit auf der Ebene der Seele oder des Geistes dahinter verborgen liegt.

Der nächste Schritt besteht darin, dass man auf die Frage: »Wofür mache ich das alles?« nach einem *Wort* oder einer Umschreibung zu suchen beginnt, welches am besten mit dem übereinstimmt, was man als Inspirationsquelle in sich spürt. Es geht darum, ein Wort zu finden, welches so genau wie möglich die Seelenqualität beschreibt, mit der man es zu tun hat. »Wahrhaftigkeit« kann z.B. so ein Wort sein, oder »Unberührtheit« (der Natur), oder »Respekt (z. B. vor dem eigenen Körper). Solche Begriffe und Wörter deuten auf die Kräfte hin, die auf dem Gebiet der Seelenwelt wirksam sind. So kann es deutlicher werden, für welche Qualität man einstehen möchte. Wenn man dann ein Weilchen mit diesem Wort oder Begriff lebt, wird er allmählich exakter und klarer werden.

Was vollzieht man durch diesen Schritt? Man versucht durch ein alltägliches Erlebnis hindurch die Kräfte zu erkennen, die in der Seelenwelt wirksam sind. Das ist eine Aktivität, die zu der Stufe der *Vorbereitung* passt.

Geistige Wesen

Mit dem hierauf folgenden Schritt kann man noch weiter aufsteigen in die Welt, die einen inspiriert. Das kann geschehen, indem man mit der Frage lebt: »Was für ein Wesen ist das, welches hinter dieser speziellen Qualität steht, die ich gefunden habe?« Denn es ist ein *Wesen*, welches uns die Qualität in der Seelenwelt geschenkt hat. Es hat dies getan, um zu bewirken, dass Qualitäten wie Wahrhaftigkeit, Respekt usw. für uns Menschen verfügbar werden, damit wir sie in unserer Welt lebendig werden lassen.

Wir stoßen bei diesem Schritt auf das Problem, dass wir es in unserer Kultur kaum noch gewohnt sind, konkret über geistige Wesen nachzudenken und zu sprechen. Darum ist es schwierig, sie mit ihren richtigen Namen zu nennen. So muss man oft auf ältere Bilder wie zum Beispiel aus der Mythologi, der Bibel oder auf die Tradition des Christentums zurückgreifen, in denen von verschiedenen Engeln und höheren Hierarchien gesprochen wird.

So kann zum Beispiel jemand mit dem Bild von dem »heiligen Wert« der unberührten Natur leben. Wenn er sich dann auf die Suche macht nach einem Wesen, einem Bild, welches dazu passen könnte, kann er dies vielleicht erkennen in dem Wesen, welches die Griechen »Artemis« nannten. Sie war bekanntlich die Göttin der Jagd und lebte im Verborgenen, also dort, wo die Natur noch nicht kultiviert worden war. Der Umgang mit diesem Wesen erfüllte die Griechen mit großer Ehrfurcht, weil sie erkannten, dass Artemis einer hohen geistigen Welt angehörte. Wenn man auf diesem Wege zu einem solchen Bild gelangt, entsteht das gleiche Gefühl der Ehrfurcht.

Ganz vorsichtig kann man auf diese Weise eine Vermutung bekommen, welches Wesen sich hinter der Qualität verbirgt, für die man sich einsetzen möchte. Mit anderen Worten: Man entdeckt, wessen »Ritter« man eigentlich ist!

Wenn ich alle Schritte kurz zusammenfasse, komme ich zu folgendem Bild: Zuerst wird einem bewusst, dass es ein Spannungsfeld gibt, das man aushalten muss. Selbstbeherrschung zu üben ist die anfängliche Aufgabe. Danach geht es darum, die Inspirationsquelle zu finden, aus der der Impuls zum Handeln entsprungen ist. Zuerst sucht man diese in der Seelenwelt (indem man nach einem passenden Wort sucht), dann einen Schritt höher, in der geistigen Welt.

Durch die Fragen, die die Wasserprobe aufwirft, bekommen wir allmählich einen besseren Blick für unsere persönliche »Verwandtschaft« mit den Kräften, die in der Seelenwelt wirksam sind, und den Wesen, die in der geistigen Welt zu Hause sind. Es wird immer deutlicher und evidenter, welche

Aufgaben man in diesem Leben eigentlich zu erledigen hat. Dadurch, dass die eigene Inspirationsquelle immer mehr an Kontur gewinnt, verstärkt sich der Mut und das Selbstvertrauen, um die Schritte, zu denen man sich durch das Beschreiten des Einweihungsweges genötigt fühlt, tatkräftig ausführen zu können.

Die Luftprobe

Wenn ich, wie in den vorigen Kapiteln, von »der« Feuerprobe oder »der« Wasserprobe« spreche, ist damit eigentlich nicht ein einzelnes Ereignis gemeint, sondern eher eine bestimmte *Art* von Ereignissen, welche sich im Großen und im Kleinen wiederholen und durch die man bestimmte Fähigkeiten entwickeln kann. Wenn eine solche Fähigkeit zur Gewohnheit geworden ist, hat man die Probe bestanden.

Wenn man wiederholt durch die Situationen der *Feuerprobe* hindurchgegangen ist, entwickelt man erstens Mut und Standhaftigkeit. Zweitens erwirbt man die Fähigkeit, durch das Ereignis verstehen zu lernen, was in dem Moment in der Seelenwelt oder der geistigen Welt vor sich geht. Man sieht die höheren Wirklichkeiten also durch das physische Ereignis hindurch.

In verschiedenen mittelalterlichen Mysterienspielen wie zum Beispiel dem »Jedermann« werden auf diese Weise zum Beispiel Tugenden auf die Bühne gebracht, die sich als Wesen aus der Perspektive der Seelenwelt über die irdischen Ereignisse äußern. Rudolf Steiner versuchte etwas Ähnliches in seinen vier »Mysteriendramen«. Er zeigt zuerst, wie verschiedene Ereignisse in der Alltagswelt aussehen und dann, wie sich die gleichen Begebenheiten in der Seelenwelt und auf dem geistigen Gebiet ausnehmen. In der einen Wirklichkeit hat man es mit Menschen zu tun, in der anderen mit der Wirkung der Seelenkräfte oder mit Wesen der geistigen Welt.

Durch das Erleben der *Wasserprobe* entsteht einerseits die Fähigkeit der Selbstbeherrschung, andererseits bekommt man es mit dem Wesentlichen seiner Beweggründe zu tun. Die eigenen Ziele oder Ideale, die ihren Ursprung in der Seelenwelt oder geistigen Welt haben, erhalten einen deutlicheren Charakter.

Wenn man nun allmählich diese Fähigkeiten, Mut und Selbstbeherrschung, entwickelt hat, gelangt man in das Gebiet der Luftprobe.

Was beinhaltet die Luftprobe?

Haltlos sein

Diese Prüfung heißt »Luftprobe«, weil wir hier absolut keinen Halt mehr haben an den Dingen, die uns umgeben, ja nicht einmal mehr an unseren inneren Impulsen. Bei der Feuerprobe hatte man immerhin noch einen Halt an Ereignissen wie Krankheit oder Misserfolgen, weil man davon wach werden konnte. Bei der Wasserprobe ging es um Situationen, in denen von innen heraus Impulse einer neuen, höheren Qualität in einem hochkamen, wodurch man angespornt wurde, neue Dinge zu unternehmen. Auch hier gab es also einen gewissen Halt. Das ist jedoch bei der Luftprobe nicht mehr der Fall. Bei ihr muss man lernen, sofort und richtig zu handeln, ohne die Möglichkeit zu haben nachzudenken oder zu überlegen. Wie muss man sich das vorstellen?

Jemand erzählte mir einmal eine solche Situation. Er fuhr mit seinem Auto auf einer zweispurigen Straße und überholte gedankenlos einen Lastwagen. Während des Überholvorgangs tauchte plötzlich ein entgegenkommendes Fahrzeug vor ihm auf. Hinter den Laster einscheren konnte er nicht mehr, und auf dem Fahrradweg, auf den er hätte ausweichen können, kam ihm ein nichts ahnender Radfahrer entgegen. In dem Augenblick übersah er die ganze Situation blitzartig und »entschloss« sich zu einer Vollbremsung. Fünf Zentimeter voneinander entfernt kamen die beiden Autos zum Stillstand … Panik war nicht aufgekommen, es hatte nur einen ganz entschiedenen, gelassenen Entschluss gegeben. Betroffen hatten sich die beiden Autofahrer die Hand geschüttelt.

So können sich auf vielerlei Arten Situationen auftun, die ein sofortiges Handeln verlangen, im großen wie im Kleinen. Sie treten ebenso wie die Feuer- und die Wasserprobe auch im alltäglichen Leben auf. – Und was macht sie zur Luftprobe? Es geht um mehr als nur darum, reflexartig richtig zu handeln. Es kommt gerade hier darauf an, sich des geistigen Hintergrunds bewusst zu werden.

Betrachten wir auch hier einmal die verschiedenartigen Aspekte. Was spielt sich in der Seele und im geistigen Bereich ab?

Geistesgegenwart

Wenn die Situation einer Luftprobe auftritt (zum Beispiel indem man sich, wie in unserem Beispiel, in einer bedrohlichen Verkehrssituation befindet), wird eine sofortige Reaktion verlangt. In solchen Lagen werden oft erst Bedenken oder Zweifel auftreten. Gewinnen diese die Oberhand, dann hat sich die Luftprobe erledigt. Ein weiterer Faktor, der dem sofortigen Handeln im Weg stehen kann, ist das Bedürfnis nach einer Bedenkzeit oder dem Überlegen mit anderen. Dem Widerstand zu bieten ist die Voraussetzung für das Gelingen der Luftprobe.

Die Luftprobe kommt im Prinzip nach der Feuerprobe und nach der Wasserprobe. In der Feuerprobe hat man gelernt, den Zweifel zu beherrschen; in der Wasserprobe hat man die Fähigkeit erworben, aus eigener Überzeugung zu handeln. Das ist schon eine Vorbereitung auf die Luftprobe. In der Seele, die zum Teil durch Einflüsse aus der emotionalen Sphäre und aus der Sphäre der Denkerfahrungen, die wir in der Vergangenheit gemacht haben, beeinflusst wird, ist hierdurch Raum entstanden. Dieser Raum kann ausgefüllt werden mit Einflüssen aus einer höheren, geistigen Ebene. Das heißt konkret: dadurch, dass man Geistesgegenwart zeigt. Der Geist, das höhere Ich, bekommt mehr Einfluss in der Seele. Diese Geistesgegenwart ist das letztendliche Resultat, wenn man durch die Luftprobe gegangen ist, so wie innere Ausgewogenheit das Ergebnis der Feuerprobe war und Selbstbeherrschung das Ergebnis der Wasserprobe.

Karma

Welches Gebiet der geistigen Welt wird einem nun durch die Luftprobe geöffnet?

Wenn man handeln kann, ohne sich nach äußeren Umständen richten zu können, wodurch die Geistesgegenwart allmählich verstärkt wird, wächst die Fähigkeit, daran mitarbeiten zu können, dass das eigene und das Karma anderer seinen rechten Lauf nehmen kann. Das Karma wird ja von der geistigen Welt aus gelenkt. Dies geschieht »in Abstimmung« mit unserem höheren Ich und dem des Anderen. Von unserem höheren Ich aus wissen wir, was geschehen wird, sowohl das, was uns betrifft, als auch das, was diejenigen betrifft, mit denen wir zu tun haben. Rudolf Steiner beschreibt immer wieder, dass man sich selber als der Verursacher der Dinge sehen kann, die einem zufällig widerfahren. Er gibt auch eine Übung an, durch die man ein Gefühl dafür entwickeln kann, dass man es selbst ist, der diese Zufälle organisiert. Stellen Sie sich einmal vor – so ein Beispiel Steiners –, Sie gehen zur Tür hinaus und da fällt Ihnen ein Dachziegel auf die Schulter. Wie lässt sich dies aus der Perspektive des Karmas vorstellen? Da sieht es so aus, dass Sie die Tür öffnen, und in demselben Moment löst sich eine imaginäre Person aus Ihnen heraus. Diese geht zum Dach und lockert dort einen Dachziegel, damit er hinunterfällt. Dann geht diese imaginäre Person schnell wieder herunter und sorgt dafür, dass Sie sich genau zum richtigen Zeitpunkt an der richtigen Stelle befinden, damit Ihnen der Dachziegel auf die Schulter fällt.

Diese imaginäre Person steht in Verbindung mit dem höheren Ich, das nachts in Zusammenarbeit mit anderen Seelen und mit den Engeln vorbereitende Arbeit leistet für den kommenden Tag. Hier entstehen unsere konkreten Vorsätze für den nächsten Tag. Beim Erwachen landen diese Vorsätze im Unterbewusstsein; in unserem Bewusstsein wissen wir nichts mehr davon. Tritt eine Situation auf, in der sie ausgeführt werden müssen, ist die Frage, ob man sich noch an das erinnert, was ausgeführt werden muss. Kann der Vorsatz bis zur Oberfläche des Bewusstseins vordringen, oder wird er durch oberflächlichere Ebenen weggedrängt? Diese oberflächlicheren Ebenen werden durch unsere Emotionen, Zweifel, Unsicherheiten usw. gebildet. Wenn uns der Vorsatz aber sofort »einfällt«, kommt das höhere Ich an die Oberfläche – und das heißt mit anderen Worten: Geistesgegenwart entsteht.

Um dies etwas anschaulicher zu machen, möchte ich ein Beispiel aus meiner Arbeit als Hausarzt geben. Ich machte einen Hausbesuch bei einem Patienten, der einen Hexenschuss erlitten hatte. Auf mein Klingeln erfolgte zunächst keine Reaktion. Als ich einen kurzen Blick durch den Briefkastenschlitz warf, sah ich ihn, wie er sich durch den Flur näherte: Leise stöhnend, die Hand auf den Rücken gestützt und in ganz krummer Haltung. Sogleich löste dies eine Irritation bei mir aus, was sonst überhaupt nicht meine Art ist. Ich untersuchte seinen Rücken, fand aber keine bedrohlichen Ursachen. Meistens verordne ich in solchen Fällen Ruhe, oder Physiotherapie, kombiniert mit Medikamenten. Aber in diesem Fall gewann mein Ärger über sein Selbstmitleid die Oberhand, und es platzte aus mir heraus: »Wissen Sie, was Sie tun sollten? Mit dem Fahrrad nach Marseille fahren, das sollten Sie! Ich garantiere Ihnen, dass die Schmerzen bis Maastricht verschwunden sein werden!«

Anderthalb Jahre später sah ich ihn bei meiner Sprechstunde wieder. Er meinte: »Doktor, Sie lagen damals falsch, die Rückenschmerzen waren in Roermond schon verschwunden!« Ich schaute ihn verwundert an, doch plötzlich dämmerte es mir. Er hatte meinen Rat von damals tatsächlich befolgt! Er muss die Erfahrung seines Lebens gemacht haben. Seine Rückenschmerzen waren tatsächlich bald verschwunden. Dadurch bekam er viel mehr Vertrauen in seinen Körper, von dem er oft das Gefühl gehabt hatte, dass er ihn im Stich ließ. Außerdem hatte er unterwegs viele unerwartete und interessante Kontakte geknüpft.

Von der Perspektive der Übung mit dem Dachziegel aus gesehen, kann man sagen, dass dieser Patient und ich in der Nacht miteinander »beratschlagt« hatten. Das war eine Abstimmung zwischen unserem höheren Ich und unserem Engel. Bei diesem Austausch ging es darum, dass dringend etwas geschehen musste. Es drehte sich in seiner Situation nicht um die normale Behandlung von Rückenbeschwerden, sondern um einen Eingriff in sein Schicksal. Dieses Bild, das beim Erwachen in mein Unterbewusstsein sank, befand sich dann in mir. Glücklicherweise »erinnerte« ich mich rechtzeitig an meinen Vorsatz, wodurch eine spontane, ungewöhnliche Reaktion möglich wurde – auch bei ihm, denn er hatte den Mut gehabt, meinen Rat zu befolgen.

Diese und ähnliche Beispiele von unerwarteten Eingebungen kennen wir alle, als Arzt, als Lehrer, als Partner, als Erzieher. Bezeichnend ist, dass man kurz aus der Routine heraustritt und einer unerwarteten Eingebung folgt, die sich später als sehr sinnvoll herausstellt. Man schafft auf eine ganz neue Art Zukunft.

Das Ziel der Luftprobe ist es also, dass wir solche Prozesse allmählich mit unserem *Bewusstsein* durchdringen.

Nachwort

In diesem Büchlein bin ich auf die Struktur des modernen Einweihungsweges und auf den Stellenwert der Prüfungen auf diesem Weg eingegangen. Während meiner Tätigkeit als Arzt habe ich feststellen können, dass es eine große Stütze im täglichen Leben bedeutet, wenn man sein Leben aus der Perspektive des Einweihungsweges betrachten kann. Die Funktion, die Krankheiten und Misserfolge in der Biographie haben können, erscheint dann in einem völlig neuen Licht. Es bleibt natürlich unangenehm, wenn man davon betroffen ist, das steht außer Frage. Denn das Beschreiten des Einweihungsweges ist keineswegs bequem. Man begibt sich nämlich bewusst auf ein gefährliches und unbekanntes Gebiet. Man beschleunigt gewissermaßen seine Entwicklung, denn einer der Aspekte des Einweihungsweges ist ja der, dass man Erfahrungen, die man sonst erst in späteren Leben machen würde, vorzieht. Aber man kann von solchen Situationen auch vermuten, dass sie ein Geschenk sind. Ein Geschenk höherer Wesen, die unter anderem dafür sorgen, dass die Fähigkeiten, die in uns leben, in der Zukunft frei werden können.

Das Beschreiten dieses Weges wirft viele Fragen auf. Fragen zum Beispiel in Bezug auf eine Art der Menschenkunde, die vonnöten ist, um jene »wirksamen Kräfte«, von denen wir sprachen, differenzieren zu können und etwas über ihren Ursprung herauszufinden. Fragen in Bezug auf das, was sich in der Zeit zwischen Tod und neuer Geburt abspielt. Fragen, wie man wahrnehmen lernen kann, welche Einflüsse aus der Vergangenheit im Jetzt fortwirken.

Ich hoffe, dass diese kurze Abhandlung dem Leser als eine kleine Einstiegshilfe dienen konnte, sich selbst weiter mit diesen Fragen zu beschäftigen.

Literaturhinweise

John Adams/Sabina Spencer, *Life changes. Growing up through personal transitions,* San Luis Obispo, Kalifornien, 1990

Konrad Dietzfelbinger, *Mysterienschulen: Vom alten Ägypten über das Urchristentum bis zu den Rosenkreuzern der Neuzeit,* München 1997

Elisabeth Haich, *Einweihung,* Ergolding [10]1990

Elisabeth Kübler-Ross, *Über den Tod und das Leben danach,* Neuwied [25]1998

Harry Mulisch, *Die Entdeckung des Himmels,* Reinbek 1996

Bernard Lievegoed, *Über die Rettung der Seele. Das Zusammenwirken dreier großer Menschheitsführer,* Stuttgart 1993

Bernard Lievegoed, *Alte Mysterien und soziale Evolution,* Stuttgart [2]1993

Jan van Ruusbroec, *Die Zierde der geistlichen Hochzeit,* Einsiedeln 1987

Jörgen Smit, *Geistesschulung und Lebenspraxis,* Dornach [3]1989

Jörgen Smit, *Meditation und Christuserfahrung. Wege zur Verwandlung des eigenen Lebens,* Stuttgart [2]1990

Rudolf Steiner, *Wiederverkörperung und Karma und ihre Bedeutung für die Kultur der Gegenwart,* TB-Ausgabe Dornach 1994

Rudolf Steiner, *Theosophie. Einführung in übersinnliche Welterkenntnis und Menschenbestimmung* (GA 9), Dornach [31]1987

Rudolf Steiner, *Wie erlangt man Erkenntnisse der höheren Welten?* (GA 10), Dornach [24]1993
B. J. van Zuylen, *Mysterien en inwijdingen in de oudheid,* Amsterdam 1927

Über den Autor

Jaap van de Weg ist praktischer Arzt. Nach fünfzehnjähriger Tätigkeit in einem Therapeutikum eröffnete er eine Praxis für Psychosomatik und Entwicklungsfragen in Zeist/Niederlande. Fragen seiner Patienten nach dem Sinn von Krisen und Krankheiten regten ihn an, sich mit den Gesetzmäßigkeiten des Einweihungswegs zu beschäftigen. Wer diese Prozesse kennt, kann Probleme aktiv als Entwicklungschancen begreifen und im Leben fruchtbar damit umgehen.

Jaap van de Weg gibt Kurse über Meditation und die Themen, die in diesem Buch behandelt werden.

Klaus Bittermann
Möbel zu Hause, aber kein Geld für Alkohol

Klaus Bittermann ist Verleger und Autor und lebt in Berlin Kreuzberg.
Buchveröffentlichungen u.a.: »Der Aufstand der Kuscheltiere. Eine Räuber- und Pistolengeschichte«, Kinderbuch, illustriert von Rudi Hurzlmeier, Zweitausendeins, Frankfurt 2007. »The Crazy Never Die. Amerikanische Rebellen in der populären Kultur«, Berlin 2011.
Die Miniaturen erschienen als »Berliner Szenen« im Berlin-Teil der *taz* und in der *jungen Welt.* Mit Dank an Ulrich Gutmair, Katrin Bettina Müller und Conny Lösch.

Edition
TIAMAT
Deutsche Erstveröffentlichung
2. durchgesehene und korrigierte Auflage: Berlin 2011

www.edition-tiamat.de
Buchumschlag unter Verwendung eines Fotos des Autors
ISBN: 978-3-89320-159-4

Klaus Bittermann

Möbel zu Hause, aber kein Geld für Alkohol

Kreuzberger Szenen

Critica Diabolis
190

Edition
TIAMAT

Für Tania

Aber auch ein bisschen für Fup,
Fatzer, Arthur, Hunter, Sid,
Rudi, Guy, Cheeta, Miss Trixie,
Marlene, Musidora, Charlie &
Lucy,
ohne die das Buch nie zu-
stande gekommen wäre

Die lustigen Alkis

Vor dreißig Jahren hatte die RAF im »Graefekiez«, den damals noch niemand so nannte, ein letztes Refugium. Damals gab es noch keinen Bioladen, keinen Weinladen, keine als Liegewiese umfunktionierte Admiralbrücke, auf der Amateure auf Bongos trommeln, auf Gitarren schrammeln, Harfen zupfen oder andere Instrumente quälen, es wallfahrteten noch keine Touristen aus aller Welt durch die Straßen, es bildeten sich keine Kindertrauben vor dem Eiscafé, es gab keinen von Studenten und ihren Eltern belagerten Italiener, bekannt als »Weitwurfpizzeria«, weil es schnell gehen muss, nur einen unechten mit mindestens zehn Zentimeter dickem Pizzateig, und statt Bars und Straßencafés gab es nur eine übel beleumundete Berliner Eckkneipe, die »Standesamt« hieß. Außerdem ein paar Antiquitätenläden mit harten Jungs, die davor herumlungerten und harte Sachen tranken.

Einer von ihnen musste sogar mal von einem Spezialkommando mit schusssicheren Westen abgeholt werden, weil er sich in seiner Wohnung verschanzt hatte und mit seiner Knarre herumballerte. Ich beobachtete den Einsatz und zischte

»Scheißbullen« bzw. »Bullenschweine«. In Zeiten der Hausbesetzerbewegung Anfang der achtziger Jahre machte man das so. Das gehörte in der Hausbesetzerbewegung zur Etikette. Meine Freundin zerrte mich weg, bevor eine schusssichere Weste schlechte Laune kriegte. Erst Jahre später wurde der Mann mit der Knarre wieder gesichtet, mit ein paar Tattoos mehr.

Vor kurzem treffe ich sie wieder, die RAF. Vor »Getränke Hoffmann« lungern ein paar Jungs von der Rest-Alkohol-Fraktion herum. Ein Dicker, der eine frappierende Ähnlichkeit mit John Goodman aus »Barton Fink« von den Coen-Brüdern aufweist, drängt mich in eine Ecke. Ich bin überrascht, denn ich kenne ihn nicht, also John Goodman schon, jedenfalls vom Sehen, aber den Dicken kenne ich nicht. Er sagt: »Möbel zu Hause, aber kein Geld für Alkohol.« Dann lacht er ein irres Lachen, kippt einen Jägermeister, schwingt sich auf ein Mofa, das unter seinem breiten Arsch kaum mehr zu sehen ist, und knattert davon.

Ich hieve zwei Kasten Rhön-Sprudel in den Kofferraum. »Ah, Aquaholiker!«, macht sich eine Stimme aus der RAF lustig, die sich vor dem Laden zusammengerottet hat. »Ich brauch das zum Brandlöschen«, sage ich etwas matt. »Aha! Soso! Ach ja? Echt ma? Ähem!«, raunt es aus der RAF. Sogar Gekicher vernehme ich. Und dann klirren wieder die Flaschen.

Asche zu Asche

Das hat er nicht verdient, mein alter Freund Wolfgang. Ein professioneller Grabredner hält die Grabrede. Er spricht salbungsvoll esoterisch angehauchte Weisheiten über den Menschen, der in uns allen weiterlebt und dort ein neues Zuhause findet. Das hätte ich eigentlich nicht so gern. Da würden sich inzwischen ganz schön viele Leute tummeln, einige auch, die sich schon zu Lebzeiten nicht ausstehen konnten. Das gäbe ein Gekeife und Gezanke, und das in mir drin, wo ich schon selber oft genug mit mir in den Haaren liege. Und selbst die Leute, die sich gut verstehen, ich meine, was sollen die den ganzen Tag miteinander reden? Das will man ja auch nicht immer hören.

Ich denke an Doris, die einmal bei einem Begräbnis mitten in die Totenrede hineinplatzte: »Das ist doch alles gelogen!« Okay, sie war vielleicht ein wenig zugekokst, aber das muss man erstmal bringen. In Gedanken ziehe ich den Hut vor ihr. Da hätte der Grabredner aber einpacken können. Diesmal ist keine Doris da. Das Ritual nimmt seinen Lauf. »Asche zu Asche«, sagt der Grabredner und wirft Sand auf den Sarg. Kann man ihn nicht gleich hinterherwerfen?

Als ich Wolfgang kennenlernte, hatte er gerade eine kleine Yacht in Nizza geklaut und schipperte mit ihr auf dem Mittelmeer herum. Als ihm das Geld ausging, kam er nach Berlin zurück, zog bei mir ein und fuhr Taxi. Er war immer gut gekleidet dank einer Kreditkarte, die nicht ihm gehörte. Dann wurde die Yacht in einem kleinen Hafen einer kleinen Insel auf dem Atlantik anhand der Motornummer identifiziert. Ein Detektiv der Versicherung hatte sich nachts heimlich auf das Schiff geschlichen. Also immer die Motornummer wegfeilen, wenn man eine Yacht klaut. Nur mal so als Tipp.

Früh um sechs klingelte mich die Polizei aus dem Bett, um sein Zimmer zu durchsuchen. Wolfgang sprang aus dem Fenster. Zum Glück Parterre. Der Fall wurde in *Bild* breitgetreten, nachweisen konnte man ihm nichts.

Jahre später fragte ich ihn, ob er diese Geschichte nicht mal aufschreiben wolle für eine Anthologie mit dem Titel »Little Criminals«. Er wollte nicht. Wegen seiner Tochter. Sie wird jetzt nie erfahren, was für einen tollen Vater sie hatte. Meiner Tochter hätte ich das schon kurz nach der Geburt erzählt, und später dann auch immer wieder mal, und jedes Mal wäre die Geschichte besser geworden. Ich meine, dazu sind solche grandiosen Geschichten doch da. Oder, Wolfgang?

In der Milchbar

Da will ich nur ein paar Spagetthi essen, fragt mich die Bedienung: »Geht's Ihnen nicht gut?« Eigentlich schon, aber jetzt, wo mich die Frau fragt, geht's mir auf jeden Fall schon mal ziemlich schlecht.

Irgendwie glaube ich mich rechtfertigen zu müssen: »Naja, vielleicht bin ich von gestern ein bisschen angeschlagen, aber mein Gott, sieht man mir das so an?«

»Manche sind eben so sensibel und gucken ihre Gäste an, die anderen interessiert das eben nicht, wie es den Gästen geht«, sagt sie.

Ich finde, Bedienungen müssen so sensibel auch wieder nicht sein, und deshalb flüchte ich in die »Milchbar«, denn hier ist man vor sensiblen Bedienungen sicher. Hier wüsste nicht mal jemand, wie man sensibel buchstabiert.

Die »Milchbar« in der Manteuffelstraße ist ein dunkler Punkschuppen, den man hinter dem harmlosen Namen nicht unbedingt vermuten würde, und in dem Herta ein unerbittliches Regiment führt, ein hartgesottener BVB-Fan, den man hinter diesem alles andere als harmlosen Namen nicht unbedingt vermuten würde. Sie könnte in einem Film von Sergio Leone mitspielen, mit Haaren auf den Zähnen, schwerst gepierct, wahrscheinlich mit BVB-Ringen, mit BVB-T-Shirt und wildem Blick, der einem den Angstschweiß auf die Stirn treibt, wenn man etwas anderes als Bier bestellen möchte, weshalb man sich lieber gut mit ihr stellt.

Hier gibt es die Spiele des BVB in voller Länge zu sehen. Und deshalb muss ich aus Gründen der Leidenschaft für den Ballspielverein Borussia dort hin, obwohl es eine blöde Gewohnheit ist, bei strahlendem Sonnenschein auf eine Leinwand zu starren, auf der die Kugel nur manchmal als weißer Punkt aufblitzt, wo man sie nicht vermutet hatte, und auch die Spieler irgendwie undeutlich durch die Gegend laufen.

Dumpfes »Sieg«-Gegröle und Fahnenschwenken ist verboten, und das kann Herta gar nicht hoch genug angerechnet werden. Sonst aber ist alles erlaubt. Jedenfalls fast. Die Einrichtung sollte man nicht auseinandernehmen, aber da müsste man sich viel Mühe geben, denn sie ist sehr stabil und festgeschraubt.

In der »Milchbar« herrscht eine verlässliche Redundanz. »Schiri, was pfeifst du!«, brüllt alle fünfzehn Sekunden eine Stimme mit türkischem Akzent. Das klingt wie ein Rap-Song, ist aber nur das Mantra einer Gruppe türkischer Jugendlicher, die offenbar Mitte der Neunziger, also in der großen Zeit des BVB, sozialisiert wurde und nicht richtig loslassen kann.

Direkt vor der Leinwand sitzt ein großer und kurzsichtiger Drei-Zentner-Mann und vertilgt bis zum Abpfiff immer genau sechs Weizen, ohne einen Ton von sich zu geben. Der Mann neben mir hat das Gegentor mal wieder schon vorher kommen sehen. Das tut er immer. Auch darauf ist hundertprozentig Verlass.

»Trink dein Bier und halt die Fresse«, tönt es von hinter dem Tresen nach vor dem Tresen. Da sitze ich, aber ich bin nicht gemeint, und wenn ich gemeint wäre, hier ist der richtige Ort für ein Desensibilisierungsprogramm.

Steinofen
WOK
ICHTE SALATE PIZZ A GETRÄNKE
WOK
PIZZA
PIZZA

Pavillon Prisma

Die Imbissbude an der Kottbusser Brücke ... »Hey, das ist doch keine Imbissbude!«, raunt mir eine Stimme zu, und zwar meine eigene. Okay, okay, sage ich. Also: Der Imbiss an der Kottbusser Brücke mit dem noblen, an die documenta gemahnenden Namen »Prisma Pavillon« ist ein Hort der Gestrandeten. Jedenfalls nachts. Und deshalb liebe ich ihn. Er ist für mich eine verlässliche Anlaufstelle, wenn ich spät abends mit dem letzten Zug aus Dortmund von einem Heimspiel des BVB zurückkehre und ein kleiner Hunger in mir nagt oder die Niederlage noch alkoholische Nachbereitung verlangt.

Im Sommer sitze ich dann auf einem Barhocker an einem selber gebastelten Tresen am Kanal und beobachte die Ratten, die etwas weiter unten auf einem Mauervorsprung nach türkischen Pizzaresten suchen, die Liebende zurücklassen. Das lauschige Plätzchen wird von Liebespaaren und Ratten bevorzugt, und ich bin fasziniert von dieser Symbiose. Oder ich beobachte die Spinnen, die rund um die Leuchtreklameschilder des »Prisma Pavillon« ihre fast blickdichten Netze weben, denn die Beute ist reichlich und fett. Ich genieße die Stille, den coolen, souveränen und schnellen Service am Verkaufstresen.

Doch eines nachts überraschen mich dezente französische Chansons. Was machen die an einem türkischen Imbiss? Ich drehe mich um. In einer Ecke des keinesfalls runden Pavillons steht eine dilettantisch zusammengezimmerte Cocktailbar aus Holz. Sie steht illuminiert und verlassen da. Niemand beachtet das neuartige Angebot, mit dem der Pavillon-Besitzer aufgerüstet hat.

Junge amerikanische Touristen nuckeln Bionade und Flaschenbier. Das eigenartige Ambiente lässt sie kalt. Ihnen entgeht der Zauber, der sie umgibt. Sie sind immun dagegen. Zu Hause werden sie alles vergessen haben.

Einen Tisch weiter sitzt ein Boxer. Jedenfalls sieht er aus wie ein Boxer. Er muss eine Menge in sich hinein schlichten, um seine Muskelmasse zu versorgen. Er ist vollkommen auf das Essen konzentriert.

Im West-Germany

»Go West«, ruft mir meine innere Stimme zu, und der folge ich eigentlich fast immer. Genauer, auf nach »West-Germany«. Und dafür gibt es auch einen Grund, und der heißt Bobby Bare Jr., ein von mir sehr geschätzter Countrysänger und Songwriter.

In Berlin endet für ihn eine ausgedehnte Europatournee, und wenn die Auftrittsorte so waren wie in Kreuzberg, dann hat er die Hölle zumindest nicht mehr vor sich. Das »West-Germany«, fünf Minuten vom Kottbusser Tor entfernt und in einem sozialdemokratischen Betonklotz untergebracht, gleicht eher einem ausgebombten Unterschlupf für Heckenschützen in einem Bürgerkriegsgebiet als einem Ort, an dem man gerne Musik hören möchte, die ein paar mehr Nuancen zu bieten hat als die berühmten Three Chords aus Punk-Zeiten.

Aber genau dorthin hat ihn ein verbrecherischer Manager hinverklappt. Der gekachelte Raum, in dem Zwischenwände und die Decke herausgerissen wurden, verstrahlt den Charme einer Metzgerei. Nicht gerade der richtige Ort, um einen Künstler zu animieren, alles zu geben.

Schon gar nicht vor 26 Leuten, einschließlich Techniker, Freunde, Verwandte und Bekannte. Und ich sehe Bobby Bare auch den Überdruss an, in einem solchen Laden zu spielen.

Aber was soll er tun. Er entert die winzige Bühne, die vollgestellt ist mit Equipment und auf der er sich kaum bewegen kann, und singt ein paar seiner ruhigeren Stücke solo, Songs vom fürchterlichen Sonnenaufgang, wenn der Teufel in die Nase gekrochen ist und alles außer Kontrolle gerät. Er schüttelt seine ihm in die Augen hängenden Locken, das karierte Hemd hängt ihm aus der am Schritt zerrissenen Cordhose. Er müht sich, er schließt die Augen, um das vor ihm liegende Elend nicht zu sehen, er ignoriert die wenigen Zuschauer und versucht erst gar nicht, zu ihnen einen Draht herzustellen. Erst als ein Bandmitglied sich auf der Bühne eine Gitarre greift und damit versehentlich an die Decke stößt, kann er sich den Witz nicht verkneifen, doch hier bitte nicht die Einrichtung zu demolieren.

Dann kündigt er an, dass es von Stück zu Stück lauter wird, und das wird es auch, vielleicht weil er dem Zauber seiner Musik nicht traut und die traurige Szenerie mit dem unvermeidlichen Gitarrengewitter zukleistern muss. Dabei kehrt er dem Publikum wie zur Strafe den Rücken zu und haut autistisch in die Saiten.

Am Ende kommt wie immer die Zugabe. Bobby Bare sagt: »Wenn Dolly Parton jetzt nackt vor mir läge, ich müsste ihr leider einen Korb geben, weil ich jetzt nämlich die Zugabe für ein zauberhaftes Publikum spielen darf, und für dieses Publikum gebe ich einfach alles.« Wie kann man sich gegen die Zumutungen anders zur Wehr setzen als mit Sarkasmus?

An einem wackligen Tisch kaufe ich seine neue CD und lasse sie mir durch ein betont krakeliges Autogramm entwerten.

Bei einem Tullamore Dew in der Ankerklause frage ich mich, ob das Mädchen, das Bobby Bare in »Painting Her Fingernails« so hinreißend besingt und das darauf wartet, dass irgendetwas passiert, im »West-Germany« an diesem Abend das gefunden hätte, wovon sie träumte.

Vermutlich nicht. Aber wer kann das schon so genau wissen.

Zahnschmerzen

Ich hole Nadja vom Flughafen Tegel ab. Sie kommt aus Wien und will sich ins Berliner Nachtleben stürzen. Sie sieht elend aus. Eigentlich so, wie man nach drei Tagen Durchfeiern aussieht. Nicht davor. Zahnschmerzattacken beuteln sie. Nadja gehört zu den Leuten, die Zahnärzte fürchten wie ein Bischof den Minirock und lieber auf eine Katastrophe zusteuern, statt regelmäßig zur Prophylaxe zu gehen. Prophylaxe sei was für »Vollkaskoheinis«, für »Jack-Wolfskin-Deppen«, für »spießige Quadratisch-Praktisch-Gut-Menschen«, sagt sie. Jetzt sieht die Sache natürlich anders aus. Schmerztabletten helfen nicht mehr, also doch Arzt.

Doktor A. aus Aserbaidschan hat Sonntagsdienst. Er ist klein und rund und speckig, und das erste, wonach er fragt, ist die Praxisgebühr. Auf 50 Euro kann er nicht herausgeben. »Einen Augenblick«, murmelt er und macht sich mit dem Schein aus dem Staub. Einen Augenblick denke ich tatsächlich, er würde mit dem Geld verduften, aber das ist natürlich lächerlich.

Nach der Untersuchung wendet sich Dr. A. an mich: »Ist nicht schlimm.« Und anerkennend fügt er hinzu: »Sie haben Ihre Frau gut gepflegt.« Aber die Zähne, gebe ich zu bedenken. Bakterien, kein Thema, ein bisschen desinfizieren und schon würde es besser werden. Wird es aber nicht.

Am nächsten Tag bringe ich Nadja zum Arzt meines Vertrauens. Der sieht sich die Sache an, breitet die Arme aus und sagt, so groß ungefähr sei die Karies. Und was das denn für ein Arzt gewesen sei? Ein Tierarzt? Wir wollen das nicht kategorisch ausschließen. »Aber nett war er schon«, sagt Nadja. Immerhin hat er uns einen schönen Satz geschenkt, ein sprachliches Kleinod, das uns für immer bleiben wird, und das ist mit zehn Euro nicht überbezahlt. Und auch über die falsche Diagnose ist Nadja sehr froh. Womöglich hätte der »Tierarzt« sonst gebohrt. Ein kalter Schauer durchfährt sie.

In Ruhe Zeitung lesen

Die Sonne lockt. Also raus, in Ruhe Zeitung lesen im Café »Goldmarie«. Aber die sonnensüchtigen Kreuzberger haben bereits alles in Beschlag genommen. Nein, ein Stuhl ist noch nicht besetzt. Ich frage den Mann, ob der Platz noch frei sei. Ja, aber er sei Raucher, ob mich das störe. Nein, ich finde das sogar erfreulich. Ein Widerständler inmitten der rauchfreien Kiezzone.

Kaum habe ich mich gesetzt, quält ein Straßenmusikant ganz fürchterlich sein Instrument. Mein Tischnachbar faucht: »Hau ab. Das kannste in Istanbul machen. Nicht hier. Istanbul ist da drüben«, dabei zeigt er in eine Richtung, in der Istanbul bestimmt nicht liegt.

Er telefoniert: »Ja genau, und besorg Rotkäppchen. Halbtrocken. Ne, nicht trocken. Ja, für 3.99. Und ab die Lotti.« Er kichert ins Handy und ich bemerke, dass seine Aussprache einen gewissen Feuchtigkeitsgehalt aufweist. Noch versuche ich krampfhaft, mich in die Zeitung zu vertiefen, aber ich habe den Kampf bereits verloren, denn mein Gegenüber überrascht mich mit der Frage: »Sind Sie heterosexuell?« Ich sehe auf. Damit ist der Damm gebrochen. Sturzbachartig schlagen die Wellen über mir zusammen. Ich brauche gar nichts zu sagen, auch nicht, ob ich nun heterosexuell bin oder nicht. Obwohl ich das jetzt schon spannend gefunden hätte, jedenfalls, wenn ich er gewesen wäre.

»Hamse was gegen Schwuletten?«, fragt er. Ich sage nichts, ich bin ja nicht verrückt. Ich habe das Gefühl, dass alles, was ich sage, gegen mich verwendet wird. Außerdem will er sowieso nicht, dass ich rede. Und das ist wiederum eine meiner leichtesten Übungen. »Ich bin ne Schwulette. Der dicke Schlitten da gehört meinem Arzt. Auch schwul.« Er zeigt auf einen nagelneuen Mercedes. »Bei dem war ich grad. Ein Arschloch. Hab ihm mal das Leben gerettet. Glauben Se nicht? Is aber so. Wollte mir 40.000 Euro geben, aber ich hab ihm gesagt, steck dir dein Scheißgeld in den Arsch.« Er kichert. »Nützt ihm sowieso nichts. Der machts nämlich nicht mehr lang. Krebs. Ich arbeite ja ehrenamtlich im Krankenhaus. Was ich da jeden Tag für ein Elend sehe!« Er nimmt die Sonnenbrille ab und Rotz und Wasser laufen ihm übers Gesicht. »Das können Sie sich gar nicht vorstellen. Grauenhaft.« Ich nutze einen Moment der Unachtsamkeit und mache mich davon. Er hat seinen doppelten Absolut verschüttet und sieht nach der Kellnerin, um ihr zu sagen, ein Windstoß hätte das Schnapsglas umgekippt.

»Warten Sie, Sie müssen mein Zeuge sein«, ruft er mir hinterher.

Essen in Kreuzberg

In der Dieffenbachstraße hat ein neues Thailändisches Restaurant aufgemacht. Nadja und ich setzen uns an ein Tischchen. Direkt daneben hat jemand etwas zur Verschönerung der Umwelt beigetragen und ein kleines, von einem Maschendrahtzaun geschütztes Einquadratmeterbiotop angelegt mit einer alten Baumwurzel, Blumen, Unkraut und nach Gartenerde müffelnder Gartenerde.

Hinter uns brüllt eine blonde Powerfrau ins Handy: »Menne, ick bin hier beim Thai, wa.« Alle drehen sich um. Aha, diese Frau, illuminiert von einer neongrünen Trainingsjacke, ist also hier beim Thai. Schön ist das nicht. Sie turnschuht zwischen den Tischen und krakeelt munter weiter. »Komm in die Hufe, Alter. Ick warte dann mal auf dir.«

Ein alter Mann schlurft in Superzeitlupe an einem Krückstock an den Tischen entlang, hält die Hand auf und hustet einen schlimmen Raucherhusten, dem man den grünen Kern anhört, der zwischen dem angesammelten Schleim wabert und nach außen drängt. Ein *Motz*-Verkäufer wünscht uns »noch einen schönen Abend«, der das aber nicht zu werden verspricht, denn von der anderen Seite bahnt sich unüberhörbar der gefürchtete Chapati-Mann seinen Weg. »Dabadadam« schreit er aus vollem Hals und wie von Sinnen und hält uns das indische, streng riechende Knäckebrot unter die Nase. Das »Dabadadi, dabadadam« hallt noch lange in meinen strapazierten Ohren nach.

»Jetzt fehlt nur noch der Kerzenverkäufer«, sagt Nadja, und schon kommt er angeradelt. In zehn Meter Entfernung schließt er sein Fahrrad ab, kommt bis auf fünf Meter an die Tische, als hätte er Angst, gebissen zu werden, schwenkt eine Kerze groß wie ein Polizeischlagstock, krächzt wie von einem Stimmbruch geplagt kaum hörbar ein weder als Frage noch als Aufforderung zu verstehendes »Kerze kaufen« und dreht auf der Stelle wieder ab, bevor jemand auf die absurde Idee kommt, tatsächlich eine »Kerze kaufen« zu wollen, geht zurück zu seinem Fahrrad, das er wieder aufschließt, um weiterzufahren.

»Ist schon ein bisschen gruselig, oder?«, sagt Nadja. »From Dusk Till Dawn in Kreuzberg«, sage ich. Dann zahlen wir.

Opfer der Gentrifizierung

Er sitzt auf einem der Betonklötze, mit denen die Stadt die Admiralbrücke verschönert hat und die seit einiger Zeit von jugendlichen Rucksacktouristenschwärmen belagert werden. Seine grauen Haare, der Schnauzer und seine akkurate, von Rentnern bevorzugte, in Beige-Tönen gehaltene C&A-Kleidung macht ihn auf dieser Brücke der schnatternden U-18-Jährigen suspekt.

Ich denke: Wenn sich solche Leute unter das Jungvolk mischen, ist das der Anfang vom Ende für das neue KOZ, wie das Kommunikationszentrum in den Kleinstädten in einer Mischung aus Frustration und Überdruss genannt wird, hier aber als spontaner Treffpunkt schon Fernsehen und Zeitungen beschäftigt hat und die Anwohner ebenso nervt wie den türkischen Billigbierverkäufer an der Ecke frohlocken lässt, denn er macht den Umsatz seines Lebens.

Der Mann in Beige sitzt einfach nur da und raucht. Und wenn er eine Zigarette ausgetreten hat, steckt er sich eine neue an. Das hat etwas Systematisches und Verlässliches an sich. Unter seinen Füßen hat sich eine beachtliche Sammlung von platten Stummeln angehäuft. »Überall nur Latte macchiato. Was soll der Scheiß?«, hustet er kurzatmig.

Wie sich herausstellt, ist er ein Opfer der Gentrifizierung des Viertels. Als er vor dreißig Jahren nach der Arbeit mit gesteiftem Hemdkragen und einem Blazer aus dem Haus trat, konnte er einfach eine Kneipe ansteuern, um am Tresen kurz einen zu zwitschern. Und dann noch einen, und noch einen, bevor er leicht derangiert nach Hause wankte. Und heute? »Nur noch dieses Milchkaffeezeugs. Sieben verschiedene Sorten. Und Kuchenzeugs. Wer braucht das eigentlich? Reingehen und ein Bierchen zischen ist nicht mehr. Gibt hier einfach keine anständige Kneipe mehr.«

Ein Verlierer in der neuen schönen Welt auf der Admiralbrücke, ein Relikt, das der guten alten »Sorgenpause« nachtrauert. »Aber da ist ja jetzt ein Italiener drin«, sagt er verächtlich und zieht an einem weiteren kleinen Sargnagel.

Echte Balliner

»Ick hau dir in die Fresse, du dumme Fotze!«, dringt ein martialisches Brüllen in mein Schlafzimmer und weckt mich. Es dauert etwas, bis mein schlaftrunkenes Hirn sich langsam zu fragen beginnt, wer verdammt nochmal schon am frühen Morgen solche hier im Viertel doch eher selten zu hörenden, politisch unkorrekten Worte ausstößt. Es ist gerade mal zehn Uhr, und bis ich mich aus dem Bett gequält habe und zum Fenster gewankt bin, ist niemand mehr zu sehen. Die Straße liegt friedlich da, aber der Schein trügt, denn ich habe mich nicht verhört.

Gut, ich habe da so einen Verdacht. Im Nebenhaus wohnt nämlich Hartz IV. Er ist schon lange arbeitslos. Manchmal meldet es sich noch zu Wort. Dann aber eher unqualifiziert. Vor allem, wenn es sich mit seinem Hund unterhält. Es ist stark tätowiert, trägt einen Cowboyhut und Brille. Und es ist ein echter »Balliner«. Die sind hier im Viertel eher selten, aber wenn man welche sehen will, bietet das Prinzenbad eine gute Gelegenheit, und irgendwie ist es auch der richtige Ort, denn man muss vier Euro Eintritt zahlen, um sie besichtigen zu können. Ins Wasser gehen sie nie, jedenfalls habe ich sie dort noch nie gesichtet. Eines der seltenen Exemplare dieser Spezies hat einen hervorragend geformten Eierkopf, trägt Glatze, einen Schnurrbart, reichlich Tattoos – Adler, Drachen, Schlangen und so Zeug –, und aus der knappen Badehose ragen etwas zu dünn geratene Beinchen. Wie bei den anderen weist sein Körper eine tiefe Bräunung auf. Um den Hälsen hängen fette, glänzende Goldketten. Die kleine Gruppe sitzt immer auf der Terrasse und aalt und ölt sich. Und als ich an ihnen vorbei schlendere, sagt einer gerade: »Mann, wie die Zeit rast, wa?«

Auch eine üppige blonde Frau ist dabei. Früher waren es zwei. Eine fehlt. Sie war noch dunkler als die anderen, fast so dunkel wie eine Kastanie, und dann auch fast so schrumplig.

Goldkettchenjungs

Zwei Schwangere liegen in den Liegestühlen der »Goldmarie« und klagen sich ihr Leid. Die eine mosert: »Jeder starrt mir auf den Bauch, als ob er noch nie ne Schwangere gesehen hätte, dabei gibt es die hier doch im Dutzend.« Nur Berlin Mitte soll eine höhere Schwangerendichte haben. Hier rollen sie im Minutentakt an einem vorüber. »Und anfassen will auch jeder«, sagt die andere. »Das geht mir vielleicht auf die Eierstöcke.«

Puuuh, denke ich eingeschüchtert. Sonst denke ich lieber nichts. Ist vielleicht besser so. »Wenigstens schützt ein Bauch vor rassistischen Übergriffen«, sagt die eine wieder. »Hä?«, macht die andere. Drei gut durchtrainierte türkische Goldkettchenjungs aus der U18-Liga wären ihr über den Weg gelaufen, die nur auf ein Zwinkern lauerten, um ihr zu erklären, was Sache ist: »Was guckst du? Willste auf Fresse? Ich mach dich Urban, ey!« Aber dann hätten sie den Bauch bemerkt. Sofort wurden sie sanft und boten ihr sogar einen kleinen Welpen zum Kauf an, der um sie herumsprang. »Für 300 kannst du haben. Kann dein Kind mit spielen.« Auf dem Weg nach Hause beobachte ich, wie drei 16-jährige Kids mit unklarem migrantischen Hintergrund einer Frau hinterher pfeifen und ein paar testosterongesteuerte Anzüglichkeiten giggern. Die Frau dreht sich um. Sie ist hochschwanger, ihre Augen funkeln. »Oh, tut uns leid. Ham wir nicht gesehen. Viel Glück noch«, schnattern sie ehrlich erschrocken über ihren Fauxpas und verdrücken sich schnell. Aber nicht schnell genug, denn ich bin wie ein Schatten hinter ihnen und kriege noch mit: »Geiler Arsch, echt ey.« Aber sie haben den nächsten schon im Visier. Diesmal den von einer garantiert Nichtschwangeren. Das Spiel beginnt von neuem.

Zu Hause ruft mich Horst Tomayer an: »Sachma, mein Herzallerliebster, bist du libidinös zufrieden? Alles im grünen Bereich?«

Anraunzerei

»Hey, es ist nicht statthaft, hier ein Eis zu essen«, blökt uns eine ältere Frau mit einer Aldi-Plastiktüte vor der Eisdiele an, vor der es vor Eisschleckern nur so wimmelt und vor der auch spät abends noch Leute Schlange stehen. Die Frau hat offensichtlich nicht mehr alle Schweine im Rennen. Aber dieses »Es ist nicht statthaft« gefällt mir. Es passt so gar nicht in das Gezeter, das ihr pausenlos aus dem Mund quillt. Es deutet vielmehr auf intensiven Kontakt mit Behörden hin und hat sich wahrscheinlich auf diese Weise in ihren aktiven Wortschatz geschlichen.

Niemand kümmert sich um sie oder reagiert auf sie. Jeder geht ihr aus dem Weg, und jeder ist ein potentielles Opfer ihrer Anraunzerei. Einen Mangel an Opfern gibt es nicht, denn wir befinden uns auf der Admiralbrücke, auf der wie an jedem warmen Sommerabend eine Art Powwow stattfindet, ein Gelage mit jungen Rucksacktouristen aus verschiedenen Ländern, die alle auf die gleiche tolle Idee gekommen sind und eine Gitarre mitgebracht haben. Gegenüber der Dänin, die leicht entrückt an den Saiten ihrer Harfe herumzupft, sehen sie aber mit ihrer Gitarre echt alt aus. Leere Bierflaschen klirren übers Pflaster. Und über allem liegt the wall of Schnattersound, ab und zu durchbrochen vom lauten Gelächter einer türkischen Männergruppe. Die meisten verstehen die keifende Frau mit den wirren Haaren gar nicht, wenn sie durch die auf dem Pflaster sitzenden Hippies hindurchschlurft und sie anfaucht, was alles »nicht statthaft« ist, und es ist so ziemlich alles »nicht statthaft«.

Ich glaube, sie ist eine ehemalige Anwohnerin, die die penetrante Lärmsoße nicht mehr ausgehalten hat und ein Opfer der nervlichen Belastung wurde. Nun schleicht sie jeden Abend herum und führt ihr letztes Gefecht gegen die feindliche Invasion aus dem Ausland, das sie aber schon lange verloren hat.

(kriminelle)
TOURISTEN
RAUS
Die PARTEI

Mikroökonomie

»Pfoten weg, du alte Schachtel«, scheucht der Mann mit dem schwarzen und nach hinten gegelten Haar die »alte Schachtel« weg, die die neben ihm akkurat aufgereihten leeren Bierflaschen einsammeln will, denn das ist sein Leergut, das ist das Geld für sein nächstes Pils. »Was du wollen mit die ganze Flasche leer? Du besser arbeiten«, gibt es ihm die »alte Schachtel« zurück, während der Mann mit orientalisch gemusterten Hosen, deren Schritt irgendwie kurdisch in der Kniekehle hängt, versucht, ihr auf den Hintern zu klopfen. Aber da er im Schneidersitz auf dem Boden hockt, ist er nicht beweglich genug. »Haust du endlich ab, du Blindschleiche«, legt er nach, weil die »Blindschleiche« weiterhin so tut, als wolle sie ihm die Flaschen vor der Nase wegschnappen. Sie kabbeln sich auf freundschaftliche Weise.

Aber es gibt auch den grantigen alten Muffel, der mit einer großen Ikea-Einkaufstüte unterwegs ist und dabei ahnungslose, über die Revierkämpfe nicht informierte neue Sammler angiftet. Sechs ältere, weißhaarige Frauen zähle ich, die über die Brücke streifen, seitdem sie zum Treffpunkt junger Touris geworden ist, für die es das Größte ist, ganze Nächte damit zuzubringen, auf dem Bordstein oder am Brückengelände zu sitzen und zu trinken.

Sie haben eine Art Mikroökonomie ins Leben gerufen, oder vielleicht besser Elendsökonomie. Zu den Flaschensammlern hat sich auch eine Cocktailmixerin gesellt. Sie hat eine kleine Kühlbox dabei und ein wackliges Beistelltischchen, ist mit Minze, Zitrone und crushed ice rudimentär mit Beilagen ausgestattet, und schüttelt in Plastikbechern etwas zurecht, das Mojito sein soll. Ich probiere es lieber nicht. So risikofreudig bin ich auch wieder nicht.

Fünfzig Meter weiter in der Admiralstraße brennt ein Auto. Eine Art neuer Freizeitgestaltung Berliner Jugendlicher, die mit dem Herumlungern auf der Brücke nicht so richtig ausgelastet sind. Polizei rennt über die Brücke zum Tatort, Feuerwehr lalüt um die Kurve.

Die Frau rührt ungerührt zwei Flüssigkeiten zusammen und bewegt ganz professionell zwei ineinandergesteckte Plastikbecher rhythmisch über der Schulter. Leider setzt sich ihre Geschäftsidee nicht durch, denn die jugendlichen Herumlungerer bleiben beim Billigbier. Autos aber werden weiterhin abgefackelt.

Terrorismus

Der Reporter der *heute*-Nachrichten berichtet live aus Mallorca über den Anschlag der ETA, bei dem zwei Polizisten in die Luft gesprengt wurden. Die Kamera zoomt auf ein paar schaulustige Touristen mit Schlabbershorts, die breitbeinig herumstehen und glotzen. Man sieht sie von hinten, und ich frage mich, ob der Kameramann mit dieser Einstellung womöglich ein bisschen Sabotage betreibt. Und auch der Reporter scheint etwas verwirrt: »Eine deutsche ... äh, deutliche Absage an den Terrorismus.«

Ich denke, mal gucken, wie es in Berlin mit der deutschen ... äh, deutlichen Absage an den Terrorismus aussieht. Nadja und ich fahren mit dem Auto zum Spandauer Damm, wo die Hells Angels wohnen. Seit ein Anführer ein Messer in den Rücken bekommen hat und einem anderen fast ein Bein abgehackt wurde, sind die Hells Angels wieder zum Staatsfeind Nr. 1 aufgestiegen.

Vor dem Charlottenburger Schloss großer Empfang. Die Straße wird einspurig. Das Empfangskomitee trägt MP, guckt irgendwie gelangweilt, ist olivgrün und für die hochsommerlichen Temperaturen viel zu warm gekleidet. Autofahrer mit

Glatze oder sonstwie gefährlich aussehend werden herausgewunken und erschossen. Obwohl ich meine gefährlich aussehende Sonnenbrille aufhabe, darf ich weiterfahren. 200 Meter weiter wieder Kontrolle mit Nagelbett, das aber nur ausgerollt wird für den Fall, dass jemand ausbüchsen will. Einen Hells Angel kann ich nicht entdecken, und das liegt nicht an meiner Sonnenbrille, wie mir Nadja bestätigt.

Wir fahren zurück nach Kreuzberg. Da ist mehr los. Auf der Admiralbrücke schreit ein Admiralbrückendjango »Ich fick deine Mutter!« und tritt einen harmlosen Hippie, der sich aufs Pflaster langgelegt hat. Ein paar Leute zerren ihn weg. »Den sollte man nach Mallorca abschieben«, schlage ich vor. Nadja hat eine bessere Idee: »Zwei Hells Angels engagieren. Einfach nur zum Rumlungern und zum Einschüchtern.«

Geburtstagsparty

Luggi Lugmeier hat im »Froschkönig« zu seinem 60. Geburtstag geladen. Und wenn ein ehemaliger Geldtransportüberfaller einlädt, dann kommt man besser. Ich überlege, ob ich ihm eine aus Seife geschnitzte und mit schwarzer Schuhcreme eingeriebene Pumpgun schenken soll, denn eine Zeit lang war das ja der Hit bei Ausbrechern. Aber damit käme ich jetzt ein bisschen zu spät, denn Luggis letzter Geldtransport liegt schon über dreißig Jahre zurück. Außerdem geht schwarze Schuhcreme ganz schlecht wieder ab. Da kann man dann gleich seine Fingerabdrücke bei der Polizei hinterlassen.

Dann fällt mir noch ein, dass es juristisch gesehen keinen Unterschied macht, ob man mit einem Stück Seife eine Bank überfällt oder mit einer echten Knarre. Das wusste ich von einem Freund, der das auch nicht wusste und sich vorher auch nicht informiert hatte, und dann war es zu spät und das Gericht verknackte ihn zu sechs Jahren für einmal in die Bank gehen und »Zaster her!«-Rufen. Weil aber niemand auf seine Spielzeugpistole reinfiel, wurde er auf der Stelle eingesackt. Nadja findet das total ungerecht.

Ich schenke dem Ex-Geldtransportüberfaller eine Flasche Wein, ein Buch und eine CD. Darauf schreibe ich jeweils: »Guter Wein«, »Gutes Buch« und »Gute Musik«. Ich denke, es wäre vielleicht nicht schlecht, dies extra zu erwähnen, weil die anderen wahrscheinlich auch Wein, Musik und Bücher schenken. Und da will man sich ja schon ein bisschen von abheben.

Er kriegt dann aber einen Freisprung aus 4000 Meter Höhe. Ich glaube mit Fallschirm, obwohl das nicht extra erwähnt wurde. Schließlich wird noch eine Arie und ein sehr ergreifendes norddeutsches Heimatlied gesungen und die anarchistische Besäufniskomödie »Der Firmling« mit Karl Valentin gezeigt, der innerhalb von fünf Minuten in einer Gaststätte ein totales Chaos anzettelt. Das bleibt dann aber aus.

Baumpatenschaft

Jeden sonnigen Sommermorgen fahre ich auf dem Weg ins Prinzenbad beim Urbanhafen an einem alten Baum mit mächtiger Krone vorbei, der am leicht abschüssigen Hang hin zum Kanal sich dagegen zu stemmen scheint, ins Wasser zu kippen. Das ist jetzt noch nicht so interessant, höchstens für © TOMs Naturtante, die hingebungsvoll Bäume umarmt.

Um diesen Baum herum tut sich jedoch Seltsames. Es sieht ein wenig aus wie eine Kunstinstallation, könnte aber auch einfach nur liebevoll arrangierter Müll sein.

Sobald in einem öffentlichen Raum private Gegenstände herumliegen, habe ich eine instinktive Scheu nahezutreten, aber dann wage ich es doch. Auf den aus dem Boden ragenden Wurzeln liegen Plastikplanen, ich entdecke eine Kronkorkensammlung, eine rote Paprikaschote, verwelkte Blumen, Einkaufstüten von Plus, Plastikschachteln, Besteck, Lametta und andere Dinge, die man an diesem Ort nicht unbedingt vermuten würde.

»Interessierste dich für dette hier?«, fragt ein Mann mit verwuschelten Haaren, der sich unbemerkt genähert hat. Er sieht nicht wie jemand aus, der einem unbedingt ein Ohr abkauen will. Er erklärt mir, dass der Baum unter seinem besonderen Schutz stehe. Er hätte viel zu leiden gehabt, weil sich »Palästinenser oder Araber, det weeß ich jetzt nicht so genau«, an seinen Wurzeln gerieben hätten, und deshalb würde er sie mit einer Plane schützen, damit sie sich wieder erholen könnten, denn sonst würde der Baum seine Orientierung verlieren. Ich nicke andächtig.

Er sagt das ohne missionarischen Eifer, eher professionell. Am Ende der Führung sagt er: »Siehst ja nicht aus wie diese abgestandenen Leute sonst hier, wa. Biste von der Presse? Artikel sind mir egal, aber wennde Mercedes für ne Patenschaft gewinnen könntest, da würd ick jetzt nicht nein sagen.«

Notaufnahme

Manche sitzen in der Notaufnahme, um Kasse oder Privat zu raten und eine Ferndiagnose zu stellen. Wie z.B. der zu einem Mann umgebaute Schriftsteller Simon Borowiak. Eigenartiges Hobby, aber auch nicht eigenartiger als inmitten nackter Menschenmassen in der Sonne zu braten. Borowiak hat große Erfahrungen in der Elendsforschung gesammelt und ist ein Fachmann. Aber manchmal ist das selbst für einen Laien wie mich gar nicht schwer.

Kasse, wenn überhaupt, und gaga vermute ich, als ein Mann in leicht verwahrlostem Zustand und flatternden Hosenbeinen durchs Wartezimmer der Notaufnahme des Urban-Krankenhauses schlurft und mir als einzig Anwesendem mit finsterem Gesicht und wie eine aufgebrachte Furie zuzischt, wer alles ein »verfickter Arsch« sei, dabei kenne ich gar keinen von den verfickten Ärschen.

Und das liegt nicht an den 40 Grad Fieber, mit denen ich mich in die Notaufnahme geschleppt habe, wo ich im Gang abgestellt werde. »Keine Papiere?«, fragt ein Pfleger. Er meint nicht mich, sondern eine Samariterin, die einen Delirium

Tremens angeliefert hat. »Kannste gleich wieder mitnehmen. Wir haben hier schon einen polnischen Alkoholkranken.« Dann gerate ich in sein Blickfeld. Er guckt kurz in mein schmales Krankendossier. Theatralisch ruft er aus: »Warum bringt ihr mir nicht mal so einen vorbildlichen Kranken?«

Ich bin viel zu sehr mit Schwitzen und Zähneklappern beschäftigt, als mich geschmeichelt zu fühlen. Immerhin werde ich in ein Behandlungszimmer abgeschoben, dort allerdings vergessen. »Wie heißen Sie? Ihr Name? Machen Sie die Augen auf? Hören Sie mich?«, höre ich eine Schwester laut auf den polnischen Alkoholkranken einteufeln. Keine Reaktion. Sie gibt auf. Ich sehe die Füße des polnischen Alkoholkranken. Sie zucken.

Schön wie das Zittern der Füße eines Alkoholikers, rauscht mir ein leicht abgewandeltes Zitat vom Comte de Lautréamont durch den Kopf. Dann lasse ich die Rollos runter.

Jugendbanden

In der Umkleidekabine des Spreewaldbades treffe ich auf fünfzehn Halbstarke mit arabischem Migrationshintergrund und mit Oberwasser. Auf einem Haufen sind Pubertierende nie ein schöner Anblick, in diesem Fall ist die Sache besonders haarig, denn nach dem Prinzip »Gemeinsam sind wir unausstehlich« brüllen sie, was ihre Kehlen hergeben, was nicht wenig ist, und schlagen mit den flachen Händen rhythmisch auf die dünnen Pressspanzwischenwände der Umkleidekabinen. Kein Bademeister lässt sich blicken. Ich allein gegen eine halbnackte, randalierende Meute, die skandiert: »Tod den Juden! Tod den Juden!«

Schöne Scheiße. Ich tue so, als ob ich gar nicht da wäre, nichts höre und sehe schon gar nicht, was mir sogar gelingt, denn ich werde nicht belästigt, aber ich wünschte, mein alter Kumpel Eddy wäre hier. Ein Brocken von einem Mann. Nicht ganz so groß wie das Empire State Building, hätte er alle in eine Flasche gestopft und sie der Strömung eines reißenden Gebirgsflusses überlassen. Jedenfalls, wenn ich ihm gut zugeredet hätte.

Er hat mir mal einen vergilbten Zeitungsausschnitt gezeigt: »Jugendbande überfällt Polizeirevier. Fünf Beamte schwer verletzt im Krankenhaus.« Mit seiner riesigen Pranke deutete er darauf und meinte: »Ich habs gemacht. Solo!« Ich guckte ihn an wie ein Schwachsinniger. »Na, ist das nichts?« »Doch«, sagte ich.

Er wanderte dann nach Kanada aus, um Gras über die Sache wachsen zu lassen, wurde Holzfäller, und als er genügend Geld zusammenhatte, kam er zurück und lebt seither von seinen Ersparnissen.

Den Rest ihres Lebens hätten die Jungs lieber mit einem tollwütigen Hund in einem Wandschrank zugebracht, als noch einmal Eddy zu begegnen und an der Bodenleiste entlangzukriechen wie Fliegen, denen man die Flügel ausgerupft hat. Manchmal hilft eben nur Wunschdenken, um über die eine oder andere Demütigung hinwegzukommen, in die einen Leute wie in einen Scheißhaufen tunken, den sie im Kopf haben, wo sich sonst nichts anderes befindet.

Wirtschaftswunder

»Martini zu jeder Gelegenheit«, lockt ein Schild im »Wirtschaftswunder«. Da kann ich nun wirklich nicht widerstehen und trete ein. Das »Wirtschaftswunder« befindet sich in der Yorckstraße neben dem Yorck-Kino. Jeder kennt es, nur ich habe mich noch nie hierher verirrt, obwohl ich nicht sooo weit weg wohne. Dreiundzwanzig Jahre gibt es das »Wirtschaftswunder« schon, das ist für ein Wirtschaftswunder eine lange Zeit. Bratenfettdunst hängt schwer wie aufdringliches Egoïste in der Luft.

»Nirgends sonst auf der Welt könnten Restaurants, die so nach Fritten stinken, auch nur vierzehn Tage überleben«, merkte Harry Rowohlt mal über den Geruchssinn der Deutschen an, wobei das »Wirtschaftswunder« natürlich kein Restaurant ist, weshalb es eigentlich umso verwunderlicher ist, dass es nach altem Fett riecht. Aber vielleicht steht deshalb die Tür offen. Aus den Boxen hämmert harter Postpunk. Ein Refrain wird gerade gnadenlos zu Tode geritten. Es ist kalt und ungemütlich auf den Fünfzigerjahreeisdielenaluminiumstühlen.

Keine Ahnung, warum es mich hierher verschlagen hat. Okay, das Versprechen auf einen »Martini zu jeder Gelegenheit«, klar. Aber eigentlich war ich auf der Suche nach einem ruhigen, warmen und romantischen Café mit einem Pinguin als Ober, und das ist ja wohl das genaue Gegenteil von dem, was ich hier vorfinde. Bin ich ein Spielball mir unbekannter Gelüste, die geputscht und die Kommandozentrale meines Hirns übernommen haben? Aber vielleicht gibt es dieses Café, das ich suche, gar nicht, jedenfalls nicht in Kreuzberg, weil es in meiner Vorstellung immer so aussieht wie das Kaffeehaus Prückl in Wien.

Blaue Stunde. Ich bestelle einen Martini. Die Bedienung im gemusterten Kapuzenshirt guckt unsicher. Sie fragt mich, ob mir der Martini schmeckt. Ich komme mir vor wie ein Versuchskaninchen. Dann lese ich in Robert Menasses neuem Erzählband, weil ich nicht die ganze Zeit auf die großen Comic-Gemälde an der Wand starren will, die nach einem schlechten Seyfried aussehen, also so wie das letzte Wahlplakat von Ströbele.

Die Geschichte handelt vom Erfinder des Parfüms Egoïste. Ich trinke noch einen Martini. Die Stones klagen, dass sie keine Befriedigung kriegen können, und die Beatles raten, es gleich zu lassen. Bratenfettduft wabert weiter durch die Kälte.

Stilleben

»Faster Pussycat« ziert groß die Fensterfront eines Ladens mit Klamotten für Girlies auf dem Mehringdamm. Mit dem Rücken zum Schaufenster steht ein Penner. Sein Gesicht ist mit einem Zwei-Jahres-Bart und ebenso lang nicht geschnittenen Haupthaaren zugewuchert. Er verschränkt die Arme und tritt von einem Fuß auf den anderen. Er bettelt nicht, er friert nur.

Ich gehe in die Commerzbank an der Ecke Gneisenaustraße. Hinter der Schalterdame sitzt ein Praktikant und starrt gelangweilt aus dem Fenster. Der Computer ist aus dem letzten Jahrhundert und funktioniert nur nach gutem Zureden, und ich denke, dass diese Filiale ziemlich runtergekommen ist, seitdem sich die Commerzbank ihre Kunden vom Leib hält. Vielleicht geht es der Commerzbank ja auch schlecht. Vielleicht sollte man für sie spenden?

Der Penner steht immer noch vor Pussycat. Ich füge mich unauffällig ins Straßenbild ein und stehe auch ein wenig herum. Ein mit einem Baldachin überdachter Handwagen voller Bücher steht ebenfalls da, aber schon länger als ich. Er erinnert mich an den Gemüsekarren, mit dem der

Dadaist, Dichter und Boxer Arthur Cravan durch Paris gezogen ist, um seine kleine Literaturzeitung *Maintenant* zu verkaufen. Eine Kasse befindet sich auch auf dem Wagen. Tatsächlich stöbert jemand mit Umhängetasche durch die abgegriffenen Taschenbücher. Ein Schlenderer versucht die Kasse mitzunehmen, aber sie ist festgeschraubt. Einen Euro kostet das Buch. Ein Schnäppchen. Der Mann mit der Umhängetasche hat eine Schwarte gefunden, steckt sie ein und schwingt sich aufs Fahrrad. Er hat einen Euro gespart.

Vor »Leckerback« steht ein Pärchen und trinkt einen Kaffee zum Abwinken. Dann verabschieden sie sich. »Hau ab, du Zwerg«, sagt sie. Der Zwerg haut tatsächlich ab. Der Penner steht immer noch vor Pussycat.

Meinungsumfragen

Mit hochgestelltem Mantelkragen und hochgezogenen Schultern sitze ich wie ein Geheimagent vor dem »Bateau Ivre« am Heinrichplatz und stelle Latte macchiato schlürfend befriedigt fest, dass ein Dr. Friedrich aus Ottendorf-Okrilla in einem Leserbrief an den *Spiegel* die dort breitgetretenen Gerüchte über eine angebliche Affäre Lafontaines mit Frau Wagenknecht, bei der ich immer an ihre gestärkte weiße Bluse denken muss, die sie trug, als ich ihr einmal im Zugabteil gegenübersaß, als »geistige Abfallgrube« bezeichnet. Mit einer Frau, die gestärkte weiße Blusen trägt, zu affären, wer macht denn sowas, frage ich mich, da macht sich doch jeder lächerlich, der das behauptet, wobei ich das eigentlich gar nicht denken, sondern einfach nur Dr. Friedrich aus Ottendorf-Okrilla recht geben wollte.

Aber dazu komme ich gar nicht, weil mich eine Dame aus meinem Gedankenknäuel reißt, die einen Fragebogen über das Kottbusser Tor ausgefüllt haben will. Ich wäre ein »Schatz«, wenn ich mir die fünf Minuten Zeit nähme. Da hat man dann natürlich keine Chance mehr. Wie ich das Kottbusser Tor nutzen würde, will der Fragebogen wissen. Zum Durchqueren in einer sehr kurzen Zeiteinheit, schreibe ich hin. Und was ich gut finden würde. Gottseidank fällt mir der Gemüsestand ein, obwohl ich nicht die geringste Veranlassung habe, den gut zu finden, er mir sogar völlig egal und das Gemüse auch nicht gut ist.

Dann soll ich auf einer Skala von 1 bis 5 bewerten, ob es mir zu laut, zu hektisch, zu multikulti und zu verkehrsreich sei. Woher soll ich das denn wissen? Also schalte ich meinen inneren Zufallsgenerator an. Wer immer aufgrund solcher Fragebögen irgendwelche Meinungen erforschen will, dem werden meine Antworten ein Rätsel sein.

Ich glaube, ich bin kein guter Staatsbürger. Ich gebe mir bei Meinungsumfragen keine Mühe und finde die vom *Spiegel* als Berichterstattung getarnten Gerüchte tendenziös. Nachdenklich gehe ich nach Hause.

Am Kottbusser Tor fummeln zwei Junkies an einem Minicomputer mit Minitastatur herum. Sie versuchen gerade übers Internet mit Frau Wagenknecht anzubandeln.

Ich finde, man sollte das Kottbusser Tor so lassen, wie es ist.

Unibesetzung

Ein bisschen betreten stehen ungefähr zweihundert Studenten auf dem Hinterhof der Humboldt-Universität herum. Sie ist besetzt. Aber ich weiß nicht, woran man das eigentlich erkennen soll, außer an den Transparenten, die das mal so einfach behaupten. Man will eine werbefreie Uni, aber soviel Werbung kann ich auf dem Campus gar nicht erkennen. Auch das Transparent mit der Aufschrift »Wir sind gekommen, um zu bleiben« gibt mir Rätsel auf. Wer will hier denn schon bleiben?

Na gut, ich könnte mich auch fragen, warum ich überhaupt gekommen bin. Aber da bin ich fein raus, denn ich bin wegen Toni Negri gekommen, der vor den Studenten eine Rede halten soll. Ich dachte, er wäre umringt von Menschen, die alle etwas von ihm wollen oder ihn wenigstens anhimmeln, denn schließlich ist er eine Berühmtheit, eine Ikone, ein Popstar unter den politischen Theoretikern, aber er steht fast ein wenig verloren herum, und ich kann ihm sogar die Hand geben. Aber das war's auch schon. Mir fällt nichts mehr ein, weil ich mir nicht überlegt habe, was ich ihm sagen könnte. Wir stehen uns freundlich lächelnd wie alte chinesische Bauern gegenüber. Jemand holt ihm ein Glas Wein, und ich frage mich, ob ich ihn nicht vielleicht warnen sollte, denn wenn etwas Kopfschmerz macht, dann studentischer Wein. Aber bis der Gedanke zur Tat wird, hat Negri das Glas schon ausgetrunken.

Langsam wabert die Masse auf den Hegelplatz vor dem Unigelände und jemand erklärt Negri, dass das jetzt ein bisschen illegal ist, weil die Kundgebung nicht angemeldet sei und man das sichere Unigelände verlassen habe. Ein Vorredner bezeichnet die Besetzung als »dramatischen Schritt«. Obwohl jede Menge Wannen in der Gegend stehen, kann ich nichts Dramatisches an dieser Situation erkennen. Dann endlich wird Toni Negri angekündigt, der »ja auch ein alter Hase im Geschäft« sei. Wieso auch? Und was für ein Geschäft? Der »alte Hase« legt die Ohren an und los, anfänglich etwas verhalten, aber dann zunehmend mit Emphase.

Danach werden Maschinenpistolen an die Massen verteilt, um im Hotel Adlon ein paar Entscheidungsträger zu entführen, die sich dort Gedanken über die Zukunft des Landes machen. Mit Negri mache ich mich aus dem Staub. Für solche Sachen sind wir zu alt. Ich bin froh, dass ich zu alt bin. Auch wenn die Maschinenpistolen aus Pappe sind. Oder haben Sie jetzt tatsächlich gedacht, die wären echt gewesen?

Literaturkritik

In einem Kreuzberger Frühstückscafé in Ruhe die Frühstückszeitung *Frankfurter Allgemeine Sonntagszeitung* lesen zu können, gehört zu den modernen Mythen des Kreuzberger Alltagslebens. Erstens, weil Peter Richter von der *Frankfurter Allgemeinen Sonntagszeitung* nur darauf wartet, dass ich in einem Kreuzberger Frühstückscafé sitze und die *Frankfurter Allgemeine Sonntagszeitung* lese, damit ich seine Häme über mich und das von mir herausgegebene Buch »Unter Zonis. Zwanzig Jahre reichen jetzt so langsam mal wieder« mitkriege, das ihn offenbar persönlich beleidigt hat. Dabei kenne ich Peter Richter gar nicht. Jedenfalls ist er etwas missgünstig gestimmt: »Der offenbar nicht ohne Grund sich so nennende Bittermann sieht aus wie eine verlotterte Oma.«

Hui, da war aber jemand sehr angefressen. Ich bin sehr beeindruckt von dem außergewöhnlichen Niveau der Literaturkritik in der *Frankfurter Allgemeinen Sonntagszeitung*, das höchstens noch die *BamS* erreicht, die den Walser-Biograph Jörg Magenau als »Jörg Gaggenau« bezeichnete. Da hat es der offenbar nicht ohne Grund sich so nennende Peter Richter ja noch gut mit mir gemeint, als er wenigstens meinen Namen richtig geschrieben hat.

Und zweitens, weil am Nachbartisch immer irgendjemand sitzt und laut quatscht. Er: »Wen sollen wir zu unserer Hochzeit einladen?« Sie: »Schatz, du kannst einladen, wen du willst. Aber wenn deine bescheuerten Exen mit ihren fetten Ärschen und ihren Omafrisuren kommen, dann kannst du ohne mich feiern.«

Da kann man sich gar nicht richtig auf die *Frankfurter Allgemeine Sonntagszeitung* konzentrieren. Und deshalb stelle ich mir vor, dass der gerade so Angegiftete, der ein bisschen so aussieht wie ein ganz normaler DDR-Spießer, das heißt so wie Karl-Theodor zu Guttenberg, einen Pennälerfassonschnitt trägt, ein rosafarbenes Hemd und eine dunkelbraune bayrische Trachtenjoppe, dass der Peter Richter ist. Er hat die Hände gefaltet und sieht seine Freundin verzweifelt an. Klar, da hat man 'ne Menge zu kompensieren.

Die Gerichtsvollzieherin

Der Gerichtsvollzieher, der eine Frau ist, kommt zu einem ungünstigen Zeitpunkt. Ich bin gerade am Packen, um das Weite zu suchen, aber weil jemand (wahrscheinlich die Gerichtsvollzieherin) die Luft aus den Reifen meines Autos gelassen hat, komme ich nicht rechtzeitig weg.

Aber ich will gar nicht flüchten, sondern ich will mich empören, und deshalb habe ich meinen jährlichen Beitrag an die Industrie- und Handelskammer nicht bezahlt. Bevor ich aber zu einem flammenden *J'accuse* ansetze, bitte ich die in eine gesteppte Wurstpelle eingewickelte Gerichtsvollzieherin höflich in die Wohnung und sage: »Schade, ich dachte, Sie würden erst morgen kommen. Dann wäre ich nämlich nicht da gewesen.«

Sie zuckt nicht mal mit der Wimper. Ich glaube, sie ist Schlimmeres gewöhnt. »Samstag arbeiten wir nicht«, sagt sie. Klar, Finanzbeamtin. »Ich kenne diesen komischen Verein überhaupt nicht, und beigetreten bin ich dem schon gar nicht. Ich weiß nicht, was diese IHK macht und tut, außer rechtschaffene Leute wie mich mit Phantasierechnungen zu belästigen. Warum also soll ich

500 Tacken zahlen?«, lege ich mich rhetorisch ins Geschirr. Jeder Handwerksbetrieb ist Mitglied der IHK, antwortet die Frau. »Betreibe ich mit meinem Verlag etwa ein Handwerk? Und wird man bei der IHK Zwangsmitglied, so wie unter den Nazis?« Damit müsste ich sie in die Enge getrieben haben, denke ich, aber die Frau sieht mich mitleidig über den Rand ihrer randlosen Brille an und sagt: »Dafür bin ich nicht zuständig. Ich bin nur beauftragt, die Außenstände einzutreiben.«

Typisch, denke ich, nicht mal ein richtig schöner Nazivergleich lockt solche Leute aus der Reserve.

»Was ist? Zahlen Sie jetzt?«, fragt sie unbeeindruckt.

Ich zahle. Aber unter Protest. Ich gebe zu Protokoll, dass ich die IHK für einen üblen Abzockerverein halte. Jawoll! Die Gerichtsvollzieherin zuckt mit den Schultern und zählt die schönen Scheine, für die ein armer Autor wie ich lange schreiben muss.

Lesen mit Franz Dobler

In der U-Bahn Schönleinstraße ziehe ich eine Fahrkarte. Kurzstrecke. Für zwei Stationen. Mein Gott, denke ich, musste das jetzt sein? Immerhin habe ich eine Entschuldigung: Herr Dobler hat mich zu einer Lesung nach Neukölln eingeladen, und wenn ich da zu spät komme, sagt er, geht alles schief. Und außerdem: Als ich das letzte Mal vor zehn Jahren mit der U-Bahn fuhr, verpasste ich meine Haltestelle, und als ich die nächste ausstieg, um wieder zurückzufahren, da fiel ich den Häschern als verdächtiges Schwarzfahrersubjekt auf, das ich ja auch war. Man ist ja lernfähig, und deshalb bin ich noch damit beschäftigt, meine ganzen kleinen Münzen in den Schlitz zu stopfen, als ich jemanden rufen höre: »Nein, nicht, stop, halt, hallo Sie, bitte keine Münzen mehr einwerfen.« Aber da nadeldruckt der Apparat mit fiesem Sirren schon die Fahrkarte aus. Der Mann blickt mich vorwurfsvoll an: »Der Apparat braucht nichts zu essen! *Aber ich!* Schomma daran gedacht? Mannmannmann.«

Ich verdrücke mich schuldbewusst. Boddinstraße steige ich aus. Einer der fliegenden Fahrkartenverkäufer klärt ein Mädchen, deren Ticket er zum Weiterverticken geschnorrt hat, darüber auf, dass ihre Fahrkarte von einem rumänischen Fälscherring gefälscht worden sei und dass sie damit aber sowas auf die Schnauze hätte fallen können. Das Mädchen sagt eingeschüchtert »Oh! Danke für den Hinweis.«

Im »Froschkönig« in der Weisestraße soll ich fünf Euro zahlen. Das kann ich gerade noch abbiegen, aber dann denke ich, dass ich zwar nicht der Erste gewesen wäre, dem man zu seiner eigenen Lesung Eintritt abverlangt hätte, aber der Erste, der gezahlt hätte, wenn ich denn gezahlt hätte. Aber ich bringe das nicht über mich, auch wenn das wiederum eine nette Geschichte ergeben hätte, die ich anschließend hätte aufschreiben können. Zuerst liest Franz Dobler, dann ich und dann wieder Franz Dobler. Die anderen hören zu. Wie das eben so ist auf den Kleinkunstlesebühnen.

Anschließend kriege ich ein Lob für meine wöchentliche »Blutgrätsche. Die Wahrheit über den Spieltag«, die in der *jungen Welt* erscheint, und das heißt wiederum, dass einer der ganz seltenen Leser der *jungen Welt* vor mir steht. Ich hätte das hier nicht extra erwähnt, ich meine das mit dem Lob, nicht mit dem seltenen Leser, aber ich musste es ja unbedingt gleich Franz Dobler weitertratschen. Der grinst mich verschmitzt an und sagt einen Tick zu herablassend: »Zu mir sagte einer, ich hätte es verdient, nur vor Frauen zu lesen.«

Da sehe ich blass gegen aus. Oder doch nicht? Als ich Franz Dobler nämlich frage, wie lange ich ihn eigentlich vertreten soll, schleimt er: »Auf keinen Fall länger als zehn Minuten, sonst stiehlst du mir noch die Show«, und deshalb stellt er mich mit den Worten vor: »Ich muss verrückt sein, jemanden wie Klaus Bittermann einzuladen.« Später fragt mich der ehemalige Geldtransportüberfaller und Autor Luggi Lugmeier: »Sachma, wie hat Franz das eigentlich gemeint?«

Diverse Jack Daniels, meine Entlohnung für die zehn Minuten Arbeit, begleiten mich durch die nächtlichen Straßen nach Hause und halten den Regen von mir ab. In der Dieffenbachstraße hat das »Ohne Ende« noch offen. Es hat immer offen. Zu den Jack Daniels gesellen sich noch ein paar hinzu. Betrunkene Männer stieren ins Nichts. Einer davon kommt mir bekannt vor. Das bin ich. Ich glotze mich aus den unergründlichen Tiefen des Tresens an. Aus einem Spiegel, aber das wird mir erst nach großem Konzentrationsaufwand klar. Den Rest der Nacht verbringe ich zu Hause über der Kloschüssel. Es ist ein ziemliches Gewürge, aber ich tröste mich damit, dass Harry Rowohlt weiß der Himmel was für diesen hingebungsvollen Zustand geben würde, seit er die Polyneuropathie an den Hacken hat und strenge Alkoholkarenz schieben muss.

Der Morgen graut. Langsam dämmere ich weg, während mir Harrys Bassstimme leise ins Ohr dröhnt: »Aaaah, wie ich dich beneide!«

Für Gott

Die »Milchbar« ist gut gefüllt. Und zwar mit gemischtem Publikum. Jüngeres, älteres und Altgenossen. Und mit Bommi Baumann, der aus seinem Buch liest, meistens aber frei Schnauze erzählt, wa! Bommi Baumann pflegt den breiten Balliner Dialekt, bei dem ich mich frage, wie um Himmels Willen er mit dem in der großen weiten Welt zurechtkam, als er sich auf der Flucht vor dem BKA-Zielkommando »Bommi Baumann« befand.

Es geht um Rausch und Terror, und so lautet zufälligerweise auch das Buch. Bommi Baumann ist dem Tod gerade mal noch so von der Schippe gesprungen. Heroin und eine Flasche Wodka auf Ex am Tag, zugezogene Vorhänge, damit gab er sich die Kante, wurde im »Gulli« eingeliefert, das Urban-Krankenhaus, und spürte von dem harten Entzug nur deshalb nichts, weil er ihn im Koma verdämmerte. Dennoch hatte man ein naives und fröhliches Verhältnis zu all den bunten Pillen, da wurde experimentiert und geschluckt, was das Zeug hielt, aber gut drauf war man trotzdem. Im Gegensatz zu heute, wo junge Türken sogar während des Fußballspielens sich in die Büsche schlagen, um kurz zu schnüffeln. Man möchte lieber damals als heute Drogen genommen haben.

Und jetzt noch der Terror. Mitte der sechziger Jahre befand sich die Oranienstraße noch fest in der Hand der Bauarbeiter, die freitags ihren Wochenlohn in den berüchtigten Balliner Kneipen in Alkohol umsetzten. Das war für einen langhaarigen Hippie Spießrutenlaufen vom Feinsten, wa.

Bommi Baumann will immer noch den Kapitalismus abschaffen. Er rät zum Generalstreik. Aus den Tiefen der »Milchbar« ruft jemand »Revolution«. Wenn ich die Stimmung richtig deute, ist man sich einig, aber daran glauben mag man auch nicht, lieber trinkt man einen Wodka. Wie Volker Hauptvogel von der Berliner Punkband Mechanik Destruktiv Kommandö, kurz MDK, die es aber schon lange nicht mehr gibt. Er bestellt eine Lage und wir stoßen an. Aber auf was? Auf alte Zeiten? Auf die Revolution? Egal, ist ja nur Schnaps.

Ich lasse mir von Bommi Baumann sein Buch signieren. »Was soll ick denn reinschreiben?«, fragt er. »Was du willst«, sage ich großzügig. Er schreibt: »Für Gott.« Ich finde das eine sehr schöne Widmung.

Gute Zeiten, schlechte Zeiten

Nadja lädt mich in das »Raclette« in Kreuzberg ein. »Kenn ich nicht«, sage ich. »Ich auch nicht, soll aber toll sein«, sagt sie. Aus besonderem Anlass trägt sie Pelz, vielleicht auch wegen der Kälte. Wir werden vom Wirt persönlich in Empfang genommen, ein dynamischer Jungmann mit dynamischer Jungsfrisur.

Als erstes will er die Pelzjacke von Nadja in den Kamin feuern, weil er Mitglied von PETA ist. Nadja kann das gerade noch verhindern, indem sie beteuert, der Pelz sei gar nicht echt. »Aber auf der Karte Froschschenkel anbieten«, flüstert mir Nadja zu. »Ich kann mir schon denken, warum der bei PETA ist«, flüstere ich anspielungsreich zurück, denn wir befinden uns unter Beobachtung des Wirts, der, wie mir Nadja zuraunt, früher mal bei »Gute Zeiten, schlechte Zeiten« mitgespielt habe, und das sei ja wohl ganz unten. Ich nicke wissend, obwohl ich die Sendung gar nicht kenne, mir also auch kein Urteil anmaßen kann.

Der »Gute-Zeiten«-Mann kommt ständig an unseren Tisch, schenkt nach und will wissen, wie es schmeckt. Langsam maße ich mir doch ein Urteil an. Der Kamin und die kleinen Raclette-Öfchen tun ganze Arbeit. In dem kleinen Raum herrschen gefühlte fünfzig Grad. Mir läuft der Schweiß in die Schuhe.

Der »Schlechte-Zeiten«-Mann hat nur noch ein Unterhemd an. Er glaubt, dass die Gäste sich unbedingt seinen verschwitzten Oberkörper ansehen möchten. Er glaubt außerdem, dass seine Gäste unbedingt seine Fähigkeiten als DJ bewundern wollen. Er beamt den Raum in die 80er zurück, in die Zeit von »La Boum«. Der Schmalz von »Dreams are my reality« rinnt dickflüssig von den unverputzten Wänden.

Zwei dahinschmelzende Backfische bitten mich, ein Foto von ihnen und dem Wirt zu machen. »Nicht dass du denkst, wir sind Touris. Wir sind aus Berlin, aber wir finden ihn sooo toll«, sagen sie. Ich habe nichts gegen Touris, ich war schließlich auch schon mal einer. Oder sagten sie Tussis?

Unvergessliche Literatur

Autorinnen werden immer jünger, wie ich aus meiner täglichen Zeitungslektüre erfahre. Helene Hegemann zum Beispiel. Wer ist sie überhaupt?, frage ich mich und lese auch schon in der Zeitung: »Wer ist sie überhaupt? Keine Ahnung, es interessiert mich nicht. Aber wenn Sie unbedingt etwas über sie wissen wollen – sie soll 17 und Tochter eines berühmten Berliner Intellektuellen sein, und einen Film hat sie auch schon gemacht –, dann googeln Sie es doch selbst. Ich bin hier nicht für Klatsch und das Verbreiten von Verlags-PR zuständig, sondern für große, unvergessliche Literatur.« So genau wollte ich es auch wieder nicht wissen, weshalb ich mir das Googeln spare.

»Kannst du mal die Zeitung weglegen«, sagt Miss Trixie. Sie ist acht und heißt eigentlich anders. Aber wenn Sie unbedingt mehr wissen wollen: Sie war schon mal Hauptfigur eines von Rudi Hurzlmeier illustrierten Kinderbuches mit dem Titel »Der Aufstand der Kuscheltiere«. Woher ich das weiß? Ich hab's geschrieben. Ihr Vater soll ein berühmter Berliner Verleger sein. Ich lege die Zeitung weg. Es ist eine großformatige Zeitung für Deutschland. »Willst du meinen Roman lesen?«, fragt Miss Trixie.

Klar will ich. Mit vier hat sie ihren ersten geschrieben, bestehend nur aus a, o, u und l. Da kann George Perec aber einpacken. Der hatte es gerade mal geschafft, einen Roman ohne e zu schreiben.

Inzwischen hat sich Miss Trixie weiterentwickelt. Der Roman heißt »Der lebende Locher«. Über folgende Stelle musste ich sehr und lange lachen, so lange wie noch bei keinem anderen Roman, nicht mal bei »Axolotl Roadkill«, und da habe ich auch lange gelacht: »Ich durfte noch zehn Minuten was machen. Ich wußte nicht genau, was ich machen sollte. Naja, was soll's. Zehn Minuten gehen sowieso schnell rum.«

Finden Sie nicht lustig? Sie haben ja auch keine Ahnung von großer Literatur.

Berlinale

Ständig läuft man irgendwelchen Prominenten aus der Filmfestspielbranche über den Weg. Die müssen ja auch mal in eine Kneipe gehen, wenn gerade nichts von ihnen selber im Kino läuft. Ich allerdings würde nicht mal Prad Pitt erkennen, weil er vermutlich in Wirklichkeit nur 1.60 groß ist. Denke ich mal.

Ich sitze also im »Florian« am Heinrichplatz neben einem berühmten spanischen Regisseur und seiner Geliebten, wie mir Jürgen zuflüstert, der aber gar nicht flüstern müsste, weil der spanische Regisseur sich mit seiner spanischen Geliebten Spanisch unterhält und gar kein Deutsch kann.

Das »Florian« ist auch nicht mehr das, was es einmal war, nämlich eine »Negerkneipe« aus dem Film »Farewell My Lovely«, in der der frisch aus dem Knast entlassene Gangster Moose Malloy den Besitzer umbringt, weil der ihm dumm kommt. Eine wunderbare Filmbar in L.A., in der ich gerne mal als Statist sitzen würde, und wenn mich der berühmte spanische Regisseur fragen würde, in welche Bar meiner Wahl er mich einladen könnte, dann würde ich mir die »Negerkneipe Florians« mit der flackernden Neonschrift wünschen. Im »Florian« am Heinrichplatz ist es stattdessen nur laut, und der Barmann hinter dem Tresen hat nicht mal mehr eine abgesägte Schrotflinte.

Deshalb gehe ich lieber ins »Einstein«, aber dort werde ich vom Chefbediener darauf hingewiesen, dass das Café gleich schließe, weil es dann Filmfestspiele habe, sowas wie die jährliche Grippe, wenn der Winter sich hinzieht und er das geschwächte Immunsystem der Leute ausnutzt, um noch ein paar Verheerungen anzurichten. Ich setze mich auf einen Beobachtungsposten, kann aber niemanden erkennen. Nur wenn jemand nicht ganz so schluffig und muffig wie der Durchschnittsberliner daherkommt, ahne ich, ah ein Filmfestspieler.

Ich frage einen Pinguin, wer denn heute alles so auftaucht. »No, dös san mehr so Leit aus der Filmbroosche.« »Prad Pitt?«, frage ich. »Wissens, i kenn die olle gor ned. Ober die Hollywud-Schauspieler kumma bloßner a holbe Stund, dann gengas wieder. Gestern worn die Esterreicher do.« »Hader?« »Kenn i ned.« Warum auch, aber dass ich wegen der Filmfestspieler auf mein sonntägliches Wiener Schnitzel verzichten muss, nimmt mich nicht gerade für sie ein.

Die Abgedrehten

Er wohnt im Nebenhaus, wo eine alte Dame manchmal ihr Essen aus dem dritten Stock wirft, und wenn man seinen Kopf aus dem Fenster streckt, kriegt man ab und an was ab. Ich glaube nicht, dass er was mit der alten Dame zu tun hat. Er ist groß und klapperdürr, trägt einen altmodischen grauen Anorak, der wie ein Zelt um ihn herumhängt, und einen Mundschutz, wie man das manchmal bei Japanern sieht, die große Angst vor Viren haben, die sich über so einen lächerlichen Mundschutz wahrscheinlich totlachen. Die Viren, nicht die Japaner.

Der komische Vogel hat immer einen Stock dabei, früher war es ein krummer Ast, mit dem er mehr fuchtelte und den er weniger als Stütze benutzte. Leicht nach vorne gebeugt verschränkt er die Hände philosophisch auf dem Rücken. Er hat immer die gleiche, schon ziemlich abgenutzte Lidl-Tüte dabei. Er geht nie auf dem Bürgersteig, sondern immer am Straßenrand, um einen möglichst großen Abstand zum normalen Straßenvolk zu halten. Alle fünf Meter bleibt er stehen und winkt beleidigt vorbeifahrenden Autos hinterher, als wolle er ausdrücken, jaja, verpestet ihr nur die Luft mit euren Abgasschleudern, ihr minderbemittelten Naturschädlinge, fahrt doch einfach so lange herum, bis ihr merkt, dass man CO_2 nicht atmen kann, am besten auch an den nächsten Betonpfeiler, damit ich von euch erlöst bin, ihr hirnamputierten Vollspastiker.

Oder sowas ähnliches. Dann stochert er mit seinem Stock in der Luft herum. Er strahlt etwas aus, das einen nicht dazu verführt, Kontakt mit ihm aufzunehmen. Aber er ist eine Bereicherung in einem Viertel, das sonst mit Touristen, Alternativmuttis und quäkenden Kleinkindern bevölkert ist, und mit türkischen Jugendlichen, die bis obenhin vollgepumpt sind mit Testosteron. Da ist eine solche Gestalt eine angenehme Überraschung.

Eine Zeitlang stapfte ein Schwarzer mit französischem Tourettesyndrom schwer und laut und breitbeinig auf das Pflaster und bewegte sich wie eine alles plattmachende Dampfwalze. Es sah gefährlich aus, wie er fluchend, schnaubend und grimassierend durch die Gegend ramenterte, war aber völlig harmlos. Oder die papierene, faltenzerfurchte, graue, kleine Frau, die 24 Stunden am Tag mit zwei grauen kleinen Hunden im Viertel umherirrte, und der ich verlässlich begegnete, sobald ich das Haus verließ, und die dann nur noch einen grauen kleinen Hund hatte, und jetzt keinen mehr, und die immer papierener und kleiner wird, und bei der ich, immer wenn ich sie ohne ihre grauen und kleinen Hunde sehe, an den Film »Ein Fisch namens Wanda« denken muss, wo eine alte Dame ihre Hündchen durch immer neue wahnwitzige Anschläge verliert, die eigentlich ihr gelten. Sie ist freundlich und lächelt und sie ist immer allein und sie wird immer unscheinbarer und unsichtbarer, und es sieht so aus, als ob sie sich bald auflösen würde.

Furchterregend dagegen war ein völlig verwahrloster, zugewucherter und schmutzstarrender Jenseitiger, dem man schon von Weitem ansah, dass er ganz für sich allein auf diesem Planeten kochte, und der mit der Geschwindigkeit einer gehbehinderten Schildkröte dahinschlurfte, die Arme fest vor der Brust verschränkt, um die Kleiderfetzen, die auseinanderzufallen drohten, festzuhalten. Eine Figur wie von Charles Dickens erfunden. Einmal hielt er abrupt vor dem »Principe di Napoli«, dem Mittagstischitaliener im Viertel, inne und belferte mit rauem Befehlston von draußen in den Tresenraum »Kaffee!« Das war das einzige Wort, dass ich ihn je sprechen hörte. Erschrocken fielen mir die Cannelloni von der Gabel. Jetzt ist er weg. Einfach nicht mehr da.

Nur die gebeugte Gestalt mit dem Stock winkt noch empört den Autos hinterher, während ich der papierenen kleinen Frau immer seltener begegne. Das Viertel ist ärmer geworden.

Okay, es gibt noch die winzige Frau mit den großen Zahnlücken und den wirren Haaren, die ich manchmal bedenklich wackelnd im Zeitungskiosk antreffe, wenn sie sich mit Flachmännern und Zigaretten eindeckt. Sie wohnt Parterre direkt neben dem Kiosk, und wenn ihr das Geld ausgegangen ist, zischt sie mir Sonntag morgens beim Verlassen des Ladens hinterher. Ich drehe mich dann um und sie flüstert: »Kannste mir nen Euro pumpen? Kriegste auch echt wieder.« Ich gebe ihr dann ein bisschen mehr. Von einem Euro kriegt man schließlich keinen Flachmann und schon gar keine Schachtel Zigaretten.

»Kriegste echt wieder«, versichert sie mir noch einmal durch die Zahnlücken hindurch.

»Hat keine Eile«, sage ich.

Gottverdammte Teenies

Als ich den dunklen Grenzbezirk mit meinen Cowboystiefeln durchquere und über die angetauten Eisplatten, den Kies, die Hundescheiße, die Pfützen eiere, in der Ferne das illuminierte O2-Raumschiff, da beschleicht mich ein ungutes Gefühl. Kann es sein, dass ich hier völlig verkehrt bin? Grundgütiger Himmel, denke ich, hier treiben sich ja nur gottverdammte Teenies herum! Was mache ich eigentlich hier? Die sind hier, um zu schwitzen, zu tanzen und die da oben auf der Bühne anzuhimmeln. Aber das kommt davon, wenn man nur die Musik hört, ohne sich wenigstens ein wenig für das Drumherum zu interessieren.

Ich verdrücke mich in eine Ecke, rauche und versuche, in dem vor mir hin und her schwappenden Meer aus pummligen, hysterischen, schwerst parfümierten Mädchen mit großen Ohrringen nicht aufzufallen. Der Support Act heißt Protokumpel, bestehend aus elektronisch zusammengefrickelten Geräuschen und zwei Springmäusen auf Koks. Die eine ist aus Moabit, die andere aus dem Wedding. Sie brüllen sinnloses

Zeug ins Mikrophon und wollen ein Kind, dabei zeigen sie ins Publikum. Ich kann mir aber nicht vorstellen, dass jemand vor der Bühne das auch will, denn die Reaktion ist kühl, die Leute beäugen sie verwundert und denken wahrscheinlich, was sind das denn für welche? Jedenfalls würden sie das denken, wenn sie ich wären.

Dann erscheint Jamie T. in einem Kapuzenshirt. Und die Pacemakers. Und Nebel. Der kleine Junge mit dem starken britischen Akzent ist 24. Auch er hüpft kreuz und quer wie ein Gummiball auf der Bühne herum und gibt alles für die Mädchen mit den großen Ohrringen, aber bei ihm sieht es ganz gut aus. Die Mädchen mit den großen Ohrringen achten nicht darauf, dass der hinreißende Song »Salvador« rappelt und scheppert wie eine verrostete Blechdose, die auf einer mit Pflastersteinen gepflasterten Straße hin- und hergekickt wird. Auf was sie achten, weiß ich allerdings auch nicht.

Als Jamie T. zwischenmoderiert »I am here, you are here, we all are here« und den kreischenden Mädchen mit den großen Ohrringen choreographische Anweisungen gibt, stehle ich mich unauffällig davon. Dass ich hier bin, wusste ich auch schon vorher.

Vor dem Tresen machen zwei abgefüllte Jungs wilde Verrenkungen und verschütten Bier. Sie geben ihr bestes, um so peinlich zu sein wie die Protokumpel.

In der Schaubühne

Auf in die Schaubühne! Schaubühne? Fup sieht mich fragend an. Da spricht Michael Hardt über die Liebe als politisches Konzept, sage ich. Fup sieht mich entgeistert an. Ist nicht schlimm, beruhige ich ihn, denn er ist erst sieben Monate alt und man muss ihm alles erklären. Ausnahmsweise fügt er sich in sein Schicksal, was er nicht immer tut, denn schließlich ist er nach einem literarischen Vorbild benannt worden, einer störrischen Ente, die in einem eheähnlichen Verhältnis mit einem Hundertjährigen lebt, der aus medizinischen Gründen seinen Whiskey selber herstellt und trinkt. Natürlich übersetzt von Harry Rowohlt.

Der »Streitraum« der Schaubühne ist dunkel. Die Leute sind sehr ernst und erwartungsschwanger. Fup sitzt auf meinem Knie und beobachtet Michael Hardt. Fup hat eine Astronautenmütze auf. Nach fünf Minuten, in denen es immer noch nicht um die Liebe als politisches Konzept geht, fängt Fup an sich zu beschweren. Michael Hardt lässt sich dadurch nicht beirren. Ich schon.

Ich gehe in das Schaubühnencafé. Dort trifft

sich das alte Berlin, um Gemüsesuppe zu löffeln. Auch Herr Shakespeare & Company sitzt hier, allerdings ohne Company. Er trägt braunes Breitcord, von dem ich dachte, es sei zusammen mit den Sauriern ausgestorben, er hat die Arme wie der gekreuzigte Jesus ausgebreitet und hält so den *Tagesspiegel*. Ich bin astonished, denn ich dachte, Leute, die so ausladend die Zeitung halten, seien mindestens so ausgestorben wie braunes Breitcord.

Ein kurzsichtiger Bettler humpelt zwischen den Tischen und hält sich die geschnorrten Münzen direkt vors Auge. Ein deprimierter Altkommunist mit Jeans-Jacke, auf die jeder Hells Angel neidisch wäre, verlässt mit wehendem Haar die Veranstaltung. Dass er deprimierter Altkommunist ist, kann ich zwar nicht belegen, denn er hat sich mir nicht vorgestellt und gesagt: »Ich bin deprimierter Altkommunist.« Aber ich habe ein Sensorium für deprimierte Altkommunisten, ein reines Bauchgefühl, wenn Sie so wollen.

Nach zweieinhalb Stunden ist Michael Hardt fertig. Auch die Leute sehen fertig aus. Es scheint niemanden zu geben, der mit ihm einverstanden wäre. Alle sind irgendwie unzufrieden.

»Ist die Liebe als politisches Konzept gescheitert?«, frage ich Fup. Fup gähnt.

Der schwule Horst

Die Sonne scheint, es ist warm, und sofort zieht mich eine magische Kraft ins Freie, ins Café, hinaus ins mondäne Leben, das den Geschmack von Latte macchiato hat und zu dem so etwas Antikes gehört wie die *Frankfurter Allgemeine Zeitung*. Aber auch wenn es hier im Kiez vor den Cafés Liegestühle gibt, wird es nicht richtig mondän. Man könnte genauso gut in einer Einkaufsmeile liegen, denn es joggt und radelt viel Publikum an einem vorbei. Aber die wenigen Liegestühle sind sowieso meistens besetzt, und auch wenn die Leute so tun, als sei es mondän, es sieht irgendwie unbequem aus.

Ich sitze auf einem wackligen Holzstuhl des Souterrain-Cafés »Manouche«, das sein Mobiliar aus dem Sperrmüll zusammengesammelt und aus groben Holzbrettern zusammengezimmert hat. Es strahlt den liebenswürdigen und bekifften Charme eines Jugendzentrums aus. Hier sind Amateure aus Frankreich am Werk, die sich für alles sehr lange Zeit lassen, viel länger als in einem normalen Café, sogar für ein Getränk, bei dem man nur den Kronkorken zu entfernen braucht. Savoir vivre eben.

Zwei Häuser weiter guckt Otto aus dem Fenster seiner Hochparterre-Wohnung. Er guckt da meistens raus. Dafür hat er sich schon ein Kissen aufs Fensterbrett gelegt, um seine Ellbogen weicher zu betten, die eine ziemliche Masse abstützen müssen. Der Mann ist ein Relikt aus dem alten Viertel, als es in der Straße noch kein Café gab, sondern nur einen Sanitärladen. Otto ist ein Gentrifizierungsgewinner, denn er hat heute viel mehr zu gucken als früher. Manchmal sieht man ihn auch draußen herumlaufen. Er hinkt und er schnauft. Manchmal quatscht er Nachbarn an, wie den schwulen Horst, der vor seinem Laden für alles sitzt.

Otto schwenkt zwei Deutschlandfähnchen. »Was machst du denn da?«, fragt Horst mit Betonung auf dem Du, denn Horst gilt die Fähnchenschwenkerei. »Na, ick feire Jeburtstach, wa!« »Was denn? Du hast Geburtstag?« »Nö, icke doch nicht. Der Führer.«

Tatsächlich, heute ist der 20. April. »Och, hör doch auf mit dem Scheiß«, sagt Horst. Tut Otto aber nicht. Wahrscheinlich ist er gar kein Nazi, sondern nur jemand, der das für einen guten Witz hält. Aber der kommt bei Horst nicht an: »Wenn du unbedingt was Braunes brauchst, kann ich dir auf deine Fahnen auch drauf scheißen«, sagt Horst.

Dabei ist es tatsächlich ein guter Witz, mit Deutschlandfähnchen Hitlers Geburtstag zu begehen, denn davon wären weder die Deutschländer noch Herr Hitler begeistert, und dann noch von einem Behinderten, der wahrscheinlich als unwertes Leben abgeschafft worden wäre. Doch doch, je länger ich darüber nachdenke, gar nicht schlecht, der Witz. Aber darüber lachen kann ich auch nicht. Dafür hab ich zu lange drüber nachgedacht.

1. Mai

Der 1. Mai in Berlin ist auch nicht mehr, was er mal war. In der *BamS* ist er sogar auf Seite 8 abgerutscht. Auf Seite 1 macht sich die *BamS* Sorgen um das ganze schöne Geld, das gerade in Griechenland versickert. Der Chefredakteur der *Welt* Thomas Schmid bedauert es, dass hinter den Krawallen keine Vision mehr steckt, sondern nur »die Lust am Krawall um des Krawalls willen«. Schmid muss es wissen, denn er war früher Chefideologe des »Revolutionären Kampfes« in Frankfurt, wo er die Vision hatte, bei Opel-Rüsselsheim malochen zu müssen, um den Arbeiter zu überreden, eine Revolution zu machen und den Kapitalismus abzuschaffen.

Ich komme gerade aus der Trinkerkneipe »Intertank«, wo man verächtlich belächelt wird, wenn man etwas anderes bestellt als Alkohol. Aber ich muss einen klaren Kopf behalten, denn ich bin in einer schwierigen 1. Mai-Mission unterwegs. Ich skandiere die nicht ganz einfache Parole »Krise ve Irkcılıgı karsı«, gegen Krise und Rassismus. Puh, vier stimmlose i. Ich habe das auf einem Plakat gelesen und so oft vor mich hingesagt, dass ich schon nach kurzer Zeit nicht mehr weiß, ob das tatsächlich so heißt, auf jeden Fall so ähnlich. Zur Sicherheit frage ich meinen multilingualen Bruder. Man will den Leuten ja auch keinen Scheiß erzählen.

Karsı heißt gegen, d.h. erst am Ende wird verraten, ob man dafür oder dagegen ist, weshalb der Türke immer bis zum Ende gespannt lauschen muss, bevor der andere dann eine aufs Maul bekommt, während im Deutschen das Bekenntnis gleich am Anfang steht. Nach den ersten beiden Worten winkt der Deutsche also schon meistens müde ab und denkt sich »und gegen Rassismus wahrscheinlich auch. Mannmannmann, das weiß ich doch schon lange.« Er hört dann gar nicht mehr hin. Wenn dann doch was anderes kommt als Rassismus, kriegt der Deutsche das gar nicht mehr mit, weil er schon abgeschaltet hat.

Jedenfalls skandiere ich auf der Oranienstraße und auf dem Kotti »Krise ve Irkcılıgı karsı«, um zu sehen, ob der türkische Mitbürger das gut findet, aber keiner reagiert, keiner wirft mir böse Blicke zu oder lobt mich wegen meines Engagements. Niemand scheint es zu interessieren, dass ich »Gegen Krise und Rassismus« bin. Das wundert mich nun doch ein wenig. Nur Miss Trixie findet es lustig und lacht, was in mir langsam die Überzeugung heranreifen lässt, dass dieses Bekenntnis auf türkisch möglicherweise ein bisschen lächerlich klingt.

Auf diese Weise skandierend kommen wir an

den Rand der 1. Mai-Demo. Auf der Kottbusser Brücke steht ein Robben & Wientjes-Kleinlaster, an dem Transparente mit der Aufschrift »Kapitalismus abschaffen« angebracht sind. Ob das Robben & Wientjes weiß? Er ist von Polizisten umringt, Zwei-Meter-Männern, die mit ihrer panzerhaften Ausrüstung aussehen, als wären sie einem Video-Ballerspiel entsprungen und würden gleich explodieren. Sie entrollen andere Riesentransparente, die im Laster lagern, um zu kontrollieren, dass nichts Schlimmes draufsteht, aber es steht überall nur drauf, dass die Krise und der Kapitalismus weg sollen, und der Rassismus auch.

Neben ihnen steht Inge Viett und redet auf die Bullen mütterlich ein. Wahrscheinlich sagt sie »Jungs, macht doch jetzt keinen Scheiß, es ist alles okay.« Und wenn die Jungs wüssten, wer Inge Viett ist, würden sie sich vielleicht ein bisschen mehr am Riemen reißen, denn schließlich hat sie mal einen von ihnen fast erschossen. Das war zwar in Paris, und der Bulle ein Franzose, und das ist ja ein bisschen was anderes bzw. auch weit weg, aber trotzdem. Genau weiß ich das nicht mehr, ist ja auch schon lange her. Schade, dass Thomas Schmid nicht da ist, der wüsste das. Schade auch, dass er die große Menge an Visionen auf schweren Stoffbahnen nicht mitkriegt, die so altbacken sind wie zu den Zeiten von Thomas Schmid und Inge Viett.

Ich überlege, was dem klobigen Kurzhaargrünen oder der Pferdeschwanzpolizistin wohl durch den Kopf geht bei ihrer Arbeit. Halten sie ihre Tätigkeit für sinnvoll? Glauben sie, das System vor »den Chaoten« schützen zu können? Fühlen sie sich wichtig?

Überall stehen Leute herum und gucken zu. Viele machen Erinnerungsfotos. Wieder wird ein Transparent entrollt, wieder steht drauf, dass die Krise weg muss. Der große grüne Polizist sieht ausdruckslos auf das große Tuch. Er sieht nicht die Liebe und die große Mühe, die das Transparent die Mütter der Demonstranten gekostet hat, oder Inge Viett.

Ein Kollege macht sich Notizen. Wahrscheinlich für seine späteren Memoiren. Nein, doch nicht, denn er gibt die Parolen per Funk an den Chefideologen der Polizei durch, denn es ist ihm zu heikel, eine womöglich demokratiegefährdende Parole durchgehen zu lassen. Der Chefideologe heißt Thomas Schmid. Er weiß genau, dass es nicht sinnvoll ist, den Kapitalismus abzuschaffen, weil er auf einem wichtigen Chefredakteursposten für ihn arbeitet. Aber das phantasiere ich mir natürlich nur in meinem kranken Gehirn zusammen.

Hinter Robben & Wientjes steht ein Schwertransporter. Er ist mit so vielen Boxen bestückt, dass die Achsen ächzen. Aber das hört man nicht, weil es aus den Boxen wummert, dass das Straßenpflaster bröckelt. Um den Schwertransporter ist ein dünnes Seil gespannt, das von jungen und ganz in schwarz gekleideten Menschen gehalten wird. Sie sehen ein wenig wie Sargträger aus, aber dafür ist ihre Garderobe zu nachlässig. Die meisten tragen dunkle Sonnenbrillen. Die Polizisten auch, dabei scheint gar keine Sonne, aber das ist egal, denn die Sonnenbrillen sind von innen verspiegelt. Ich weiß das aus sicherer Quelle.

Am Ende des Lasters steht ein ganz junger Mensch. Er hält sehr gewissenhaft das Seil, hat rotgrüne Haare und ungefähr zwei Pfund Metall im Gesicht. Er verzieht keine Miene. Mit dem Metall geht das vielleicht auch gar nicht. Einer seiner Kollegen stöpselt sich Ohrenstöpsel in die

Ohren. Andere trinken Bier aus Dosen und schreien sich gegenseitig was ins Ohr, aber zu hören ist nur Technogewummere aus tausenden von Lautsprechern. Ich frage mich, weshalb Punks sich sowas anhören, kann aber niemanden fragen, weil es so laut ist. Wahrscheinlich wissen sie es selbst nicht, oder es handelt sich um eine ausgetüftelte Strategie, um die Polizei mürbe zu machen.

Einer der Punks trägt ein T-Shirt mit der Aufschrift »Mile High Club«, das womöglich auch zur Verwirrung beiträgt, wenn die Polizisten nicht schon mit der Frage überfordert wären, ob den »Kapitalismus abschaffen« staatsfeindlich ist oder nicht. Für den Fall, dass Sie es auch nicht wissen (nicht, ob die Abschaffung des Kapitalismus staatsfeindlich ist, sondern was »Mile High Club« heißt), gibt es ja Gottseidank mich, der Ihnen das erklären kann: Dem »Mile High Club« gehören diejenigen an, die in 8000 Metern Höhe schon mal Sex hatten. Ich glaube nicht, dass der wie 16 aussehende Punk das schon mal hatte, geschweige denn so hoch oben, aber vielleicht strebt er dieses Ziel an. Vielleicht hält er das T-Shirt ja deshalb für subversiv, weil Geschlechtsverkehr in Flugzeugen verboten und die Freiheit über den Wolken grenzenlos ist, jedenfalls im Vergleich zum irdischen Elend.

Das Ganze verwirrt mich und ich glaube nicht, dass jemand all die Zeichen noch deuten kann, die sich hier in dem Mikrokosmos austoben. Es kommt mir vor wie ein absurdes Theaterstück, bei dem die Inszenierung aus dem Ruder gelaufen ist, denn jeder spielt einfach vor sich hin, es gibt keine Dramaturgie und keine Regieanweisungen. Aber vielleicht irre ich mich auch. Vielleicht bin ich selber nur Teil einer großen Inszenierung, bei der es um die Erhaltung des 1. Mai als Krawalltag für krawallbereite Chaoten geht, um die Krawalltouristen anzulocken. Auch sie kurbeln schließlich die Wirtschaft und den Konsum an, denn überall auf den Straßen in Kreuzberg sprießen Verkaufsstände wie Pilze aus dem Boden, die Geschäfte laufen an diesem Tag glänzend, während woanders sich gar nichts tut, weil die Läden wegen Feiertag geschlossen sind. Berlin hat da einen Wettbewerbsvorteil, auf den die chronische Pleitestadt nicht so einfach verzichten kann.

Und auch die Polizei kann hier unter richtigen Bedingungen üben und richtigen Chaoten richtig auf den Kopf hauen und sie verhaften. Diese Ausbildung mit Nahkampferfahrung kriegt man ja sonst nur in Afghanistan und dort ist man womöglich gleich tot, was einem in Kreuzberg nicht passiert. Außerdem werben alle Medien mit großen Berichten über das Spektakel, und wie jeder PR-Mann weiß: Jede Presse ist eine gute Presse. Wenn also Thomas Schmid »die Krawalle um der Krawalle willen« verurteilt, dann will er in Wirklichkeit, dass mal wieder was passiert, denn in den letzten Jahren wurde es merklich ruhiger in Kreuzberg. Die 1. Mai-Unruhen sind einfach nicht mehr das, was sie mal waren. Und wie es aussieht, läuft das Hamburger Schanzenviertel Kreuzberg gerade den Rang ab. Ja, so ungefähr könnte es sein, denke ich mir auf dem Nachhauseweg.

In einer Seitenstraße läuft mir ein Orang Utan über den Weg. Er ist von Fotografen umringt. Der Orang Utan hat Converse Allstars an, sieht aber sonst ziemlich echt aus, also echter als die Gorillas in den ersten Tarzen-Filmen, aber genauso lächerlich. Er humpelt zum wummernden Laster und zu den transparentüberprüfenden Polizisten. Wahrscheinlich verbirgt sich Thomas Schmid in dem Kostüm, der sich davon überzeugen will, ob sein Plan aufgeht.

Woher der Wind weht

»Hey, da kommt ja Gott. Guten Tag, Gott«, begrüßt mich Bommi Baumann auf dem Gelände des Mehringhofes. Eigentlich wollte ich mich incognito unter das linke Volk mischen, aber das kann ich jetzt ja wohl vergessen. Till Meyer ist auch da. Er stützt sich wie ein übel gelaunter General auf eine Krücke und flucht wegen seines gebrochenen Beines, weil »diese Scheiße« einfach nicht verheilen will. Doktor Seltsam wuchtet seinen grazilen Körper auf die Beine und schenkt mir passend zu dem Abend einen schönen Kalauer: »Man braucht keinen Kachelmann, um zu wissen, woher der Wind weht.«

In der Gaststätte »Clash« wird nämlich noch einmal überprüft, ob der Wind 1968 ff. wirklich aus der richtigen Richtung kam. Zwei Weathermen-Veteranen sind aus den Staaten gekommen, um was über die Anfänge des Untergrundkampfes in den USA zu erzählen, Bernardine Dohrn, die auf der FBI-Liste der zehn meistgesuchten Verbrecher stand, und ihr Mann Bill Ayers, der es nicht unter die ersten zehn geschafft hat, aber ein Erinnerungsbuch geschrieben hat, das er vorstellen will. Die deutsche Ausgabe ist jedoch noch nicht fertig. Ein Film soll gezeigt werden, aber es gibt keine Leinwand, und geredet werden soll natürlich auch, aber die Mikroanlage rückkoppelt. Von den Linken lernen heißt, nur nicht die Nerven zu verlieren. Der Film wird trotzdem gezeigt und auf dem Podium trotzdem geredet, nur das mit dem Buch wird nichts mehr.

In dem Film tauchen zwei deutsche Wörter auf: »Kindergarten« und »Zeitgeist«, ein schöner Beitrag der deutschen Sprache, der da Eingang in die amerikanische Kultur gefunden hat, und im Spannungsfeld dieser beiden Worte bewegt sich irgendwie auch diese Veranstaltung.

Die Übersetzung der ausschweifend dozierenden Podiumsteilnehmer ist nicht immer sattelfest. Aus dem »Verbrennen von Einberufungsbescheiden« wird das »Verbrennen von BHs«. Das ist der lustigste Beitrag an diesem Abend, aber niemand lacht. Ich auch nicht, aber ich habe einen Informanten im Publikum sitzen, der mich über den Fauxpas aufklärt, in diesem Fall den Vorwortschreiber des Buches, das es noch nicht gibt.

Ein ehemaliger Deserteur der amerikanischen Streitkräfte sitzt auch auf dem Podium und versucht das Publikum davon zu überzeugen, gegen die Regierung zu sein und zu opponieren. Alle finden das gut, weil sie genauso denken wie der schwarze GI aus Detroit, der einen Camcorder aufgestellt hat, um seinen Auftritt zu filmen. Was er von den Weathermen hält, dazu sagt er nichts. Er prangert die 500-jährige Unterdrückung der schwarzen Bevölkerung an, und das auf eine agitatorische Weise, als gelte es, Menschen aufzuklären, die davon noch nie gehört haben.

Die meisten Zuschauer gehören der gleichen Altersklasse wie die Podiumsteilnehmer an, aber es sind auch ein paar junge Leute da. Was finden die eigentlich gut an den Weathermen? Auf dem Klo erfahre ich es: »Weißt du«, sagt da einer zu seinem Kumpel, der neben ihm am Pissoir steht, »die Weathermen sind meine Lieblingsguerilla ... wegen der ganzen Drogen.«

Bommi Baumann kann da ein Lied von singen, denn auch für ihn war der Untergrund ohne Drogen nicht vorstellbar. Bommi Baumann sitzt auf einem Billardtisch im hinteren Teil des Raumes und grummelt, dass denen da oben einfach die kommunistische Disziplin abgehe. Zackzack sollte das gehen. Till Meyer pflichtet ihm düster und grummelnd wie ein General bei, der einsehen muss, dass die Schlacht verloren ist.

Ich gehe, die beiden aber müssen bis zum Ende bleiben, weil sie mit dem Weathermen-Pärchen noch ein Interview machen müssen für die kommunistische Fachzeitschrift für Disziplin *junge Welt*.

Gekreuzigte Kuscheltiere

Nachmittags habe ich eine Einladung zu einer Ausstellungseröffnung am Abend erhalten. Ein bisschen kurzfristig, hat aber den Vorteil, dass ich mir das über ein paar Stunden hinweg dann auch merken kann. Zwar nicht immer, aber in diesem Fall kommt die Einladung aus dem Hause »Endart«, und die ist nicht weit weg in der Oranienstraße, und außerdem ist Herr Endart mit dem in der Kunstwelt einzigartigen Namen Klaus Theuerkauf fünfzig geworden. Da kann man schließlich nicht einfach nicht hingehen. Außerdem kann ich Miss Trixie und Mister Fup mal zeigen, was moderne Kunst ist, schließlich bin ich nebenberuflich Erziehungsbeauftragter und Moderne-Kunst-Erklärer. Von beidem habe ich keine Ahnung, aber das ist immer die beste Voraussetzung, um irgendwie durchzukommen.

Als erstes treffe ich den unter dem Namen Karin Kramer Verlag firmierenden Autor von Alkoholgeschichten und Anarchisten, inzwischen aber zum Anachronismus konvertierten Bernd Kramer, der mir sagt, dass er jeden Tag reicher wird. Nach einer Pause, die lang genug ist, um zu denken, davon kannst du aber höchstens träumen, sagt er: »An Erfahrung.« Damit sind wir beide in der Tat reichlich gesegnet, nützen tut sie uns aber trotzdem nichts. Das ist leicht mal schnell hingeschrieben, in Wirklichkeit profitieren wir natürlich von unserer Erfahrung, was man am besten daran sieht, dass es uns noch gibt. Dann sagt Bernd Kramer bewundernd: »Ich möchte echt mal wissen, wann der Theuerkauf das alles gemacht hat. Ich dachte, der ist ständig besoffen. Steht ja ne Menge Zeugs rum.«

Das »Zeugs« ist blasphemisch und verstößt gegen Sitte, Anstand und Moral. Und wie! Am besten gefällt mir eine Gruppe Bambis in gestreiften Häftlingsanzügen vor einem Wachturm, auf dem eine kleine fiese Soldatenzinnfigur mit MP im Anschlag steht. Das Stilleben hinter Glas wird gerade noch geklebt, kostet 1500 und heißt Bambi-KZ oder so ähnlich. Das mag Miss Trixie gar nicht, während Mister Fup gleich ausprobieren möchte, ob die Figuren schon kleben. Er hat ein eher haptisches Verhältnis zur modernen Kunst, Miss Trixie ein eher moralisches, und ich schätze, da lässt sich wenig dagegen ausrichten. Und schon bin ich als Moderne-Kunst-Erklärer gescheitert, denn Fup hört sowieso nicht zu und Miss Trixie mag Tiere. Noch weniger begeistert ist Miss Trixie von den diversen Stofftieren, Hasen mit Riesenohren und süßen Kätzchen mit Riesenpimmel, die ans Kreuz genagelt sind und bluten.

Auch mein Lieblingsbuchhändler sitzt in der Ausstellung herum und blutet, allerdings unterhalb der Nase, und es ist echtes Blut, das sich einfach nicht stoppen lässt. Der Verbandskasten im Atelier stammt noch aus NVA-Beständen und ist für dieses Zivilopfer nicht gerüstet. Freunde kommen und machen Fotos von ihm, während ich in die nächste Apotheke gehe, um ein Pflaster zu besorgen, bzw. blutstillende Watte, mit der sich mein Lieblingsbuchhändler einen Hitlerschnurrbart fertigt.

»Morgen geh ich in die Klinik zur Entgiftung«, sagt er mit einem Bier in der Hand. Darauf stoßen wir an. »Freust du dich schon?«, frage ich. »Ja, vor allem auf die Dose Bier morgen früh im Taxi, wenn ich mich in die Anstalt bringen lasse.«

Biennale

Auf dem Oranienplatz ist Biennale, und ich hätte sie beinahe verpasst, wenn mich mein Lieblingsbuchhändler nicht darauf aufmerksam gemacht hätte. Er ist jetzt wieder clean. Das ging ja schnell, denke ich. In seiner Hand hält er zwar eine Flasche, wie das in Kreuzberg Pflicht ist, so ähnlich wie die Anschnallpflicht im Auto, aber in der Flasche ist nichts Alkoholisches drin. Behauptet er.

Der Oranienplatz ist voll mit Menschen, die alle eine Flasche Bier in der Hand haben. Oder ein Handy. Mit dem einen schützt man sich vor Dehydrierung, mit dem anderen sucht man Orientierung. Beides ist an diesem Abend wichtig, denn im Eckhaus, in dem früher ein Aldi drin war und jetzt zeitgenössische Kunst, machen einen extreme Temperaturen und hohe Luftfeuchtigkeit auf der Stelle mürbe, vor allem, wenn man wie ich zwanzig Päckchen Zucker schleppen muss, denn ungefähr soviel sitzt mir auf den Schultern und speichelt mir auf die Platte. Ob Herr Fup an Kunst interessiert ist, weiß ich nicht. Er macht zwar große Augen, aber was er von da oben ins Visier nimmt, ist von unten schwer zu sagen.

Feine silberverchromte Stelen mit roten Absperrseilen und fein livrierte Türsteher lenken die Besucherströme, aber das ist auch schon das Einzige, was Flair und Eleganz verbreitet. Immerhin steigern sie die Erwartung. Im riesigen Raum des Erdgeschosses sind etliche parallel ausgerichtete Reihen mit mindestens zehn Meter langen Kleiderhaken installiert, eingerahmt von einem einfachen Holztresen. Die erste Installation sieht aus wie eine Garderobe, und es ist auch eine, wie ich enttäuscht feststellen muss.

In den übrigen Stockwerken laufen Videos ohne Handlung, sogenannte Videoinstallationen. Zu sehen sind u.a. Demonstranten, die in verschiedenen Sprachen Parolen rufen oder Hallelujah singen. Ein Beitrag zur Völkerverständigung? Ich frage Fup, aber er ist wie ein Orakel und antwortet nicht. Er kommentiert nicht einmal den nackten Mann, der aufgebahrt in einem Glaskasten liegt, während Menschen um den Kasten herumstehen und ihm beim Herumliegen zugucken. Wahrscheinlich schläft die Installation. Was soll sie auch sonst tun?

Wieder im Freien frage ich dehydriert und schweißgebadet einen berühmten Kurator aus Frankfurt, der nicht genannt werden will, aber schon mal eine Ausstellung von Uwe Lausen kuratiert hat, was so über die Ausstellung geredet wird.

»Über Kunst wird nicht geredet«, sagt er.

»Hui«, denke ich.

Reichhaltige Originalität

Er ist mir schon häufiger aufgefallen. Eine schmale Gestalt mit einer energischen Lockenmatte und energischem Blick. Energischer Auftritt in knallrotem Jackett und schwarzer Lederhose, die unten in weiße Strümpfe hineingestopft ist. Nicht so auffällig wie die in blümchengemusterter Unterhose vorbeilaufende ganzkörpertätowierte, nasenringgepiercte und gerade aus einem Müllberg gekrochene Prollpunkerin mit Kampfhund und Bierflasche in der Hand, aber immerhin.

Er stoppt abrupt einen Meter vor dem Kaffeehaustisch und sagt: »Eine glückliche Quellenpflege, einfache, reichhaltige Originalität.« Vorsichtiger Augenkontakt, denn man weiß ja nie, was für einen Verrückten man dann wieder am Hacken hat. Aber schon legt Timo los. Er spricht erstaunlich sinnfreie, aber höchst philosophisch klingende Sätze. Ich bin perplex.

Es ist ein wenig wie bei Slavoj Žižek, der ja auch wirres Zeug redet, dafür aber mit viel Gestik. Žižek hält man deshalb für genial, Timo nicht. Schade eigentlich. Timo verkauft Gedichte, die sich nicht reimen, die er dennoch auswendig kann. Er gibt mir ein kleines Blatt, als sollte ich ihn abfragen, und legt los:

»MEHR«! / »Du erstehst dir!, eine Fahrkarte, ewigen / Erwachens! In verkrüppelten / Umständen!! Spielen, hinter längst! Und! / unlängst!! Geschlagenen SCHLACHTEN, / S U P E R L I N G E « ! ! ! ! ! ! // DIESE LÄCHELN ODER LACHEN UND / KOMMENTIEREN DIE LETZTEN VOR-/BEIFLIEGENDEN WURF-HAKEN!!!!!! / »Ja«!, »Sie können fliegen!, als ER«!!!!!!

Für 50 Cent ist dieses Gedicht nicht überbezahlt. Der Dichter des Ausrufungszeichens erklärt während des Vortrags sogar noch die »Superlinge«. Leider habe ich vergessen, wer die sind, jedenfalls keine angenehmen Zeitgenossen. Ich überlege, ob es vielleicht eine Möglichkeit gibt, Timo und Žižek zusammenzubringen. Ich frage Timo, ob es seine beeindruckende Moderation auf CD gibt. Er sagt, ich solle sein Gedicht anderen mehrmals laut vortragen, bis ich glaube, es sei von mir. Soweit will ich dann doch nicht gehen.

Kupferberg Sekt
4,50€
Gorbatschow
9,50€
2,00€
Coffee to go
Haribo
90
BECK'S
Berliner Kindl
47
STERNBURG
STERNBURG
BERLINER
BERLINER
BERLINER
BERLINER
BECK'S
BECK'S

Rassismus und Fußball

Ich bin auf eine Podiumsdiskussion über »Fußball und Nationalismus« oder umgekehrt eingeladen. Ich springe für einen Promi ein, der abgesagt hat. Für Diedrich Diederichsen. Ich nehme mir vor, etwas über Pop zu sagen. Diederichsen hat keine Zeit. Ich hoffe deshalb, weil er gerade ein Buch aus meinem Verlag rezensiert. Er hat das mal in Erwägung gezogen. Aber seitdem hat er sich nicht mehr bei mir gemeldet. Wahrscheinlich hat er schon wieder keine Zeit. Ich hingegen habe Zeit, aber ich bin ja auch kein Professor.

Später entdecke ich auf einem Programmzettel, dass ich auch noch für Klaus Theweleit eingesprungen bin. Gut, dass ich das nicht vorher wusste, sonst hätte ich mich verpflichtet gefühlt, auch noch über Sexualität und Fußball zu reden.

Offiziell bin ich eingeladen, weil Wiglaf Droste den »Kevin-›Prince‹-Boateng-Preis« ausgelobt hat, weil »Prince« den »aufdringlichsten und penetrantesten Werbeständer des Landes« Michael Ballack »außer Gefecht setzte«, wie Wiglaf Droste schrieb. Und ich bin der einzige Mitunterzeichner der Erklärung. Der Veranstalter will wissen, ob wir tatsächlich in Besitz des Trikots von Del Piero sind, das wir als Preis ausgelobt haben. (Del Piero deshalb, weil der bei der WM 2006 mit einem eleganten Treffer im Halbfinale die Deutschen aus dem Turnier gekickt hat. Was man hier aber auch alles erklären muss). Haben wir. Allerdings muss ich zugeben, dass nicht Del Piero das Trikot durchgeschwitzt hat, sondern ich dafür eingesprungen bin.

Die Podiumsdiskussionsleiterin mit restjugoslawischem Migrationshintergrund hat einen schwarzrotgoldenen Kuchen mitgebracht und fragt die Podiumsdiskussionsteilnehmer, ob sie davon essen würden. Jeder weist das Ansinnen empört zurück. Wäre ja auch das Letzte.

Nach der Podiumsdiskussion schneidet die Podiumsdiskussionsleiterin den Kuchen in Scheiben. Ich sage, an der lieblosen Machart des Kuchens könne man das lieblose Verhältnis der Deutschen zu ihrer Nation und dem Nationalismus ablesen.

Dann machen wir uns über den Kuchen her unter dem Vorwand, Deutschland symbolisch aufzuessen. Es wäre weg und könnte auch nicht mehr gewinnen. Aber unser Einsatz wird nicht belohnt. Deutschland gewinnt und steht jetzt gegen England im Achtelfinale.

Ein Fall für Freud

»Dich berührt einfach nichts, du lässt nichts an dich ran ... Und außerdem hast du mich schon in der ersten Woche angelogen!«, sagt sie. »Oh«, denke ich, das hört sich nach Seifenoper an. Sie trägt eine dunkle Sonnenbrille. Ihr gegenüber sitze nicht ich, sondern da sitzt ein anderer Mann.

Puuuh, Glück gehabt! Der andere Mann hat keine Sonnenbrille auf, aber er ist unrasiert und isst Kartoffeln. Er brummelt etwas in seine Bartstoppeln hinein und gibt ihr eine Spargelstange. Eine Spargelstange ist nicht viel. Sie knabbert lustlos an ihr herum. Sie macht ihm erneut Vorwürfe. Ich muss sie mir anhören, weil ich am Tisch daneben sitze und mir schon eine große Spargelstange in die Ohren tun müsste, was ich aber nicht tue, weil mich Beziehungsdramen faszinieren.

Das ist das Leben. Da wird aus dem Schützengraben gefeuert, was das Zeug hält. Tragödie, Intrige, Hass, Eifersucht, Leidenschaft, Messerwetzen ... und diese Dramen haben einen hohen Wiedererkennungseffekt.

Er hört auf zu essen und lässt den halben Teller

zurückgehen, d.h. die Hälfte des Essens natürlich, nicht den halben Teller. Sie macht ihm auch Vorwürfe deswegen, obwohl er ihr vorher noch eine zweite Spargelstange und Kartoffeln angeboten hatte.

Das Handy der Frau klingelt.

»Papi, Papi«, ruft die Frau aufgeregt. Dann schluchzt sie. Huch, denke ich. Sie reißt sich zusammen. »Ich hör dich so schlecht ... Wo bist du? ... Jaja, mir geht's gut ... Nein, es ist wirklich alles okay ... Und dir? Geht's dir auch gut? ... Ja, Papi, ich freu mich ganz toll für dich ... Ja, Papi, ich liebe dich auch ... Ja, Papi, bis ganz bald«, sagt sie, mühsam die Tränen unterdrückend. Sie legt auf. Wieder schluchzt sie leise. Mister Fup horcht bei »Papi-Papi« auf, lässt das Ganze aber unkommentiert.

Sigmund Freud aber würde vor Freude im Dreieck springen. Wann hat man denn schon mal so einen klassischen Fall? Der Mann starrt regungslos ins Nichts. Sieht so aus, als ob er ein kleines Problem hat. Seine Chancen stehen nicht gut. Auf der anderen Seite ... Wenn mich meine Tochter so verehrte, das gefiele mir ziemlich gut. Da wäre mir Freud aber sowas von egal.

Resteposten

Ich recherchiere nach der WM 2010, was aus den vielen schwarzrotgoldenen Fähnchen wurde. Bei Karstadt am Hermannplatz stehen sie noch dutzendweise herum und lugen irgendwie traurig und schlaff aus einem Ständer heraus. »Resteposten«, sagt die Verkäuferin. Sieht so aus, als würden sie im Ramsch landen, vielleicht sogar im Reißwolf oder auf einer Sondermülldeponie. Biologisch abbaubar sind sie jedenfalls nicht. Auch die Berliner Autobahn ist ein beliebter Ort der Fähnchenentsorgung, was mich an Haustiere erinnert, vor allem Hunde, die von den Besitzern ebenfalls dort ausgesetzt werden, weil man ihrer irgendwann überdrüssig wurde, so wie die Fähnchen irgendwann sogar den Deutschlandlastigen lästig werden. Im Prinzenbad ist die Fahne ebenfalls verschwunden. Ich wette, ordentlich gefaltet.

Ich befrage einen arbeitslosen Soziologen, von denen es hier viele gibt: »Komisch ist es schon«, sagt er. »Begründet wurde die bei der WM 2006 aufkommende Fähnchenhysterie ja damit, dass man endlich so normal werden wolle wie alle anderen Nationen auch. Alle anderen Nationen aber würden nie auf diese Schnapsidee kommen, denn die wollen nicht normal, sondern selbstverständlich etwas Besonderes sein.« Das leuchtet mir ein. Kein Wunder, denn die befragte Person bin ich selbst. »Außerdem«, sagt der Soziologe, »Fußball ist längst zur Unterschichtsangelegenheit geworden. Die Mittelschicht passt sich an und proletarisiert bewusstseinsmäßig im Laufe einer WM. Die Außenspiegelwärmer sind da ein Indiz, denn sie übernehmen die Funktion der gehäkelten Klorolle, die jeder von der Angst vor Inkontinenz geplagte Kleinbürger auf der Hutablage hatte.« »Aha«, kommentiere ich den Kommentar, ohne näher ins Detail zu gehen.

In der rund um die Uhr geöffneten Unterschichtstrinkerkneipe »Ohne Ende« ist die schwere Beflaggung nun auch zu Ende. Jeder trägt wieder seine eigene Fahne vor sich her, denn außer ihr haben die Leute, die sich mit letzter Kraft am Tresen festhalten, nichts mehr.

Zu Hause ruft mich Harry Rowohlt an. Früher hätte er immer »Arschloch« gebrüllt, wenn im Fernsehen Joschka Fischer aufgetaucht wäre, aber seit er einmal das Fenster offen hatte, hätte er festgestellt, dass er nicht allein ist, weshalb er sich umorientiert habe. Jetzt rufe er immer, wenn Jogi Löw im TV gezeigt wird: »Nasenpopler! Nasenpopler!«

Kunzelmanns Zahnlücken

Der Platz vor der Kapelle des Dorotheen-Friedhofs ist mit Restpersonen gefüllt, also den Leuten, die nicht mehr in die Kirche passen. Ein Mann gesellt sich zu uns. Er unterscheidet sich von den anderen, meist auch nicht gerade konventionell gekleideten Trauergästen sehr, also selbst vom baumwolligen Schlabberlook des umherschleichenden und ziemlich kleinen Rainer Langhans. Er trägt ein rosa Baseballkäppchen, eine sehr kurze Jeanshose, bei der man Angst hat, es könnte jeden Moment unten etwas hervorbaumeln, und merkwürdig um die Waden herum befestigte Sandalen. Ein Fritz Teufel mit Adventskranz auf dem Kopf muss den Leuten ähnlich absurd erschienen sein, aber der wird gerade zu Grabe getragen.

Der Mann schleppt einen Rucksack und ein paar Einkaufstüten, die er an einem Baum abstellt, und als nach der Grabrede Ströbeles, die die neben mir stehende Nadja unüberhörbar als »Oh nein, ist der Typ öde!« kommentiert, ein Song von Dylan aus einer altersschwachen Anlage über den Hof krächzt, da versucht der Mann mit dem exotischen Outfit mit einer Ratsche ein bisschen mehr Rhythmus und Schwung in die traurige Angelegenheit zu bringen.

Ein Friedhofswächter sieht bereits die Friedhofsruhe gestört und fordert ihn auf, sich vom Friedhofsacker zu machen, aber das wäre auf der Beerdigung von Fritz Teufel doch etwas unpassend. Ein zehnjähriges Mädchen unterhält sich mit dem Mann über die großen Zahnlücken, die beide haben. Und nicht nur die beiden. Dieter Kunzelmann allerdings hat noch alle Zähne. Dachte ich, doch dann schiebt er sie nach vorne. Als Kind beeindruckte mich mein Großvater damit, inzwischen weiß ich natürlich mehr.

Kunzelmann begrüßt mich mit »Ah, dää Väälechää!« Ich will gerade vor ihm niederknien wegen seines Bamberger Dialekts, den er so dehnt, dass man sich zwischen den Vokalen ein Bier holen könnte, als *Bild* von uns Fotos macht. Nicht *Bild* persönlich natürlich, sondern ein Fotograf von *Bild*. Deshalb gebe ich das Vorhaben schnell wieder auf. Leider. Der Fotograf fragt mich nach meinem Namen. Natürlich sagt er ihm nichts, und deshalb hoffe ich, dass er ihn googelt. Dann steht morgen in *Bild* unter dem Foto: »Hier kniet der CSU-Politiker aus dem Landkreis Main-Spessart Klaus Bittermann auf der Beerdigung Fritz Teufels vor dem Kommunarden Kunzelmann.« Das könnte den Revoluzzer Kunzelmann durchaus in Erklärungsnot und einige Male dazu bringen, sein Gebiss nach vorne zu schieben.

Kollektivbestrafung

Die Männer mit den knallroten T-Shirts, auf denen hinten »Sicherheit« steht, sind die einzigen, die im Schwimmbeckenbereich des Prinzenbads mit Turnschuhen herumlaufen dürfen. Um dieses Privileg werden sie von vielen beneidet, die es den Sicherheitsleuten nachmachen, aber aufpassen müssen, nicht erwischt zu werden. Ich weiß nicht, ob die Sicherheit sich viel um die Sicherheit kümmert. Meistens lümmelt sie im Eingangsbereich herum und wünscht einem »einen schönen Tag noch«. Das muss ich mir schon ständig von jeder Supermarktkassiererin anhören, jetzt auch noch hier, denke ich.

Ein kleiner Junge zerschmettert eine Flasche neben dem Babybecken. Es dauert ein wenig, bis ein knallroter Sicherheitsmensch auftaucht. Der sagt dann seinen Kollegen Bescheid, die wiederum ins Walkie-Talkie sprechen, woraufhin ein Bademeister kommt, die Lage inspiziert, um dann einen Besen mit Schaufel zu holen. Nachdem die Scherben weggekehrt sind und alles wieder paletti ist, wird das Babybecken geschlossen.

Plötzlich kommt Hektik bei der knallroten Sicherheit auf. Drei von ihnen bewegen sich eilig auf die Liegewiese zu. Kurz darauf kommt die Durchsage: »Aufgrund unschöner Vorkommnisse wird das Schwimmbad geschlossen. Bitte verlassen Sie die Schwimmbecken und räumen Sie die Liegewiese.« Kurze Zeit später kommt die gleiche Durchsage noch einmal, nur statt »unschöner Vorkommnisse« sagt der Bademeister, »ich weiß auch nicht, was ich dazu sagen soll«. Bei der dritten Durchsage handelt es sich dann um »polizeiliche Maßnahmen«.

Eine Schlägerei. Kaum jemand hat etwas davon mitbekommen. Der Täter ist geflüchtet, »aber wir ham ene jenaue Personenbeschreibung, wa«, sagt eine knallrote Sicherheit. Ein paar Leute mosern, aber die meisten nehmen die Kollektivbestrafung wortlos hin. Wahrscheinlich will die knallrote Sicherheit früher Feierabend machen. Kriegen ja nicht viel. Am Ausgang wünscht mir einer »einen schönen Abend noch«.

Zivilcourage

Als ich vor dem Prinzenbad am Schloss meines Fahrrads herumfummle, erhebt sich heftiges Frauenkreischen, wie man es selbst in Kreuzberg nicht alle Tage zu hören bekommt. Um was es geht, kann ich nicht verstehen, weil auf türkisch gekrischen wird. Es klingt nicht gut, eher sogar ziemlich übel, denn eine 16-jährige wird gerade von einem 18-jährigen verdroschen, vermutlich ihrem Freund. Er ist außer Rand und Band, zerrt sie an den Haaren und haut blindlings mit Fäusten und Füßen zu.

Nicht glotzen! Eingreifen, Zivilcourage, Hilfe leisten, Menschenleben schützen, los jetzt, sagt meine innere Stimme. Klar, aber wie einen völlig durchgedrehten Minderjährigen bändigen, gibt die andere innere Stimme zu bedenken. Willst du wie Dominik Brunner enden? Und im Olympiastadion von Dieter Hoeneß als großes Vorbild für praktizierte Nächstenliebe gefeiert werden? Quatsch, das war Uli Hoeneß in München, außerdem ist sein Bruder gar nicht mehr Hertha-Manager, sagt meine zivilcouragierte Stimme, die von den an den Haaren herbeigezogenen Argumenten der bedenkenträgerischen Stimme leicht generervt ist. Ja schon, aber hey, säuselt diese, bist du nicht aus dem Alter raus, dich in eine Schlägerei zu stürzen? Da könnte sie nicht ganz unrecht haben, denn für sowas bin ich nicht wirklich geeignet. Hätte ich eine Nahkampfausbildung bei der Bundeswehr gemacht, statt Behinderten den Arsch abzuwischen, dann vielleicht. Und ich fürchte, gewaltfrei brauche ich dem Minderjährigen mit der durchgebrannten Sicherung nicht zu kommen.

Ich habe das natürlich viel schneller gedacht, als Sie das gelesen haben werden, quasi in Sekundenbruchteilen ging mir das durch den Kopf. Da sind auch schon die Prinzenbad-Security-Jungs da und nehmen den kleinen Pitbull in den Schwitzkasten. Hey, denke ich, ich werde nie wieder was Schlechtes über die Prinzenbad-Security-Jungs sagen.

Plötzlich kreischt die Geprügelte: »Hey, ihr Schweine, lasst meinen Freund los!«

Meine inneren Stimmen, die ja sonst ziemlich viel Prosa haben, sagen nichts mehr.

Mediation und Lärm

Gleich zwei MediatorInnen mit großem I haben die Touristen auf der Admiralbrücke jetzt am Hals. Aber so häufig sind die gar nicht da. Ich meine die MediatorInnen. Die Touristen natürlich schon. Nur einmal habe ich sie gesehen. Da haben sie einen Flyer verteilt, in dem sie erklären, was eine Mediation ist.

Ich weiß das auch nicht, also lasse ich es mir erklären: »Mediation bedeutet Vermittlung durch professionelle Personen.« Oh, Professionelle also, denke ich. Aber was sind ihre Ziele? »Ziele der Mediation: Sich beteiligen. Verantwortung stärken. Veränderungen schaffen. Lösungen finden. Konflikte vermindern.« Wenn es sie noch gäbe, die in meinem Haushalt von Wiglaf Droste eingeführte Phrasenkasse, die MediatorInnen wären ihr Geld schnell wieder los, das gerade an der sozialen Sollbruchstelle gluckert.

Wenn es aber etwas ruhiger geworden ist, dann liegt das an der Polizei, die jetzt auch häufig auf der Brücke herumhängt und mit den Leuten mediatiert, also sich beteiligt und das alles. Sie ist ausgesprochen höflich und sagt der siebenköpfigen Kombo aus New Orleans, »the music is too loud for the Anwohner«. Aber so schnell können sie eine Lärmquelle gar nicht stopfen, sofort sprudelt woanders eine neue.

Am Urbanhafen sehe ich eine fahrbare DJ-Anlage mit zwei Plattentellern, und von einem im Kanal schippernden Boot ruft einer durchs Megaphon: »Bionade, Bier ... Was soll's sein?«

Erst spät in der Nacht sinkt der Lärmpegel. Ich sitze auf meiner Veranda, die gar keine Veranda ist, sondern ein Fenster zur Straße, und rauche ins Freie hinaus. Fast lasse ich mich von der trügerischen Stille einlullen, aber da kommt schon die nächste Lärmquelle um die Ecke. Eine Disco auf Rädern mit riesigen Boxen, die in düsenjägerlauter Beschallung die Leute mit Shakira wieder auf Vordermann bringt. Es hätte ja jemand einpennen können.

Einbruch

Frühstück bei »Primo Maggiore«. Am Zaun lehnt der klapprige Mann mit einem zwanzig Zentimeter hohen Absatz am linken Schuh. Er hinkt, ist ja klar, aber nicht nur das, er hat auch einen ebenso klapprigen Hund und einen Schnurrbart. Er unterhält sich mit einer dicken Frau mit vielen Plastiktüten, die in seinem Haus wohnt. Irgendjemand lässt immer die Haustür offen. »Und was ist? Schickt er seine Kumpel und beklaut uns.« Der klapprige Mann hört sich den ständig neu aufgebrühten Sermon an. »Schickt er seine Kumpel, und was dann?« Wer schickt seine Kumpel, frage ich mich, kann es aber nicht herausfinden.

Dann sagt der Mann mit dem hohen Absatz: »Komm ich nach Hause. Tür offen, wa? Stehen da Zwei in der Ecke und rochen. Sach ich: ›Macht hier keene Scheiße.‹« »Und dann räumen sie einem den Keller aus«, sagt sie wieder. Der Dialog zieht sich zwanzig Minuten hin. Inzwischen dürfte der Keller leergeräumt sein.

Dann kommt doch noch mal was neues von der dicken Frau: »Unser Schlafzimmer ist ja Parterre, weeßte ja. Also, wir ham nen Beesbollschlächa unterm Bett und ne Pistole. Und vorne uffm Fenstersims hamwer Scherben hinjemacht, damit hier keener erst gar nich auf dumme Jedanken kommt, wa.«

Puuh, denke ich, Einbrecher haben es aber auch nicht leicht.

Ein alter Türke vor meiner Wohnung bückt sich und hebt was auf, und weil ich gerade seinen Weg kreuze, hält er mir einen goldenen Ring hin und sagt: »Zwanzisch Euro.« Fairer Deal, denke ich, und gebe ihm die zwanzisch Euro.

Am nächsten Morgen dehne und strecke ich mich im Bett. Hier ist es schön, hier bleibe ich, denke ich, auch als es raschelt und schabt, aber nur ganz leise. Ich denke, och nö, hab jetzt keine Lust. Dann denke ich nichts mehr und döse weiter. Wieder raschelt es. Jetzt riskiere ich doch mal einen Blick. Ein junger Mann mit Kapuze über den Kopf gezogen steht direkt neben meinem Bett, ist – wuuusch – wie ein geölter Blitz mit drei Schritten beim Fenster und springt raus. Erdgeschoss. Alles geht so schnell, dass ich nicht mal Zeit habe, ordentlich zu erschrecken. Und jetzt, wo er wieder weg ist, kann ich genausogut weiterdösen.

Später ärgere ich mich ein wenig über die deutlich sichtbaren Spuren aus feuchter Gartenerde, die der Kapuzenmann auf meinem Teppich hinterlassen hat. Den dicken türkischen Goldring hat er mitgehen lassen. Hatte der ein Glück, dass er nicht bei der dicken Frau eingestiegen ist.

Der Fischladen

Vor dem Fischhändler in der Dieffenbachstraße versperrt Harald Martenstein Kunden den Weg. Er steht direkt im Eingang. Vor ihm ein Kameramann, der eine Kamera geschultert hat, ein Mikrophonmann, der ein Mikro vor den Mund Martensteins hält, und einer ohne irgendwas, bestimmt der Regisseur. Martenstein spricht ins Mikrophon und schaut in die Kamera. So mit Fischladen im Hintergrund spricht er wahrscheinlich über den Fischladen, bestimmt was nettes, denn sonst würde er ja nicht vor dem Fischladen stehen und dabei in die Kamera sprechen. Wahrscheinlich macht er Werbung für den Fischladen, weil er da immer einkauft. Merkwürdig, denke ich, womit manche Leute ihr Geld verdienen. Stehen vor einem Fischladen und sagen, dass der Fischhändler eine Bereicherung für den »Graefekiez« ist.

Herr Fup kräht, als wir an dem Ensemble vorbeigehen. Ob sie das später rausschneiden? Dabei wäre das Gekrähe auf jeden Fall eine Bereicherung. Auf der anderen Seite ist Harald Martenstein auch nicht peinlicher als mein alter Schulfreund Thomas Gottschalk, der u.a. sein Geld damit verdient, dass er sich in große Senftöpfe hineintunken und als strampelndes Senfmännchen wieder herausziehen lässt. Glauben Sie nicht? Ich konnte es auch nicht glauben, gäbe es nicht die kompromittierenden Fotos. Na gut, ich hab ihn schon früher für nicht sehr helle gehalten.

Ein paar Ecken weiter stehe ich unschlüssig herum und warte auf Inspiration. Die kommt dann auch sofort angeschlurt. »Ich helfe jedem, der Respekt hat. Du hast Respekt. Wir machen alles zusammen. Kein Problem, Alter.« Der türkische Migrant klopft einem anderen türkischen Migranten auf die Schulter und gibt ihm die Hand. Dann trennen sich ihre Wege, während die Frage im öffentlichen Raum wabert, was das wohl sein könnte, dieses »alles zusammen machen«. Aber es gefällt mir, es hat so was schön Mafiöses an sich.

Der Respekt-Mann ist glaube ich keine Bereicherung im Kiez. Womit auch immer er sein Geld verdient, er würde sich vermutlich nicht vor den Fischladen hinstellen und Reden über die Bereicherung des Kiezes durch den Fischladen schwingen. Oder vielleicht doch? Warum eigentlich nicht? Wahrscheinlich kann er das sogar viel besser, denke ich. Dann kräht Fup wieder und holt mich in die reale Welt zurück.

In Kottis Sport's Bar

In der Parallelgesellschaft des »Franziskaners« in der Dresdener Sackgasse will ich mir das Spiel von Doatmund, wie man in Doatmund sagt, angucken. Aus einer Hofeinfahrt quillt eine andere Parallelgesellschaft in Form einer verschleierten Braut in einem beeindruckenden Brautkleid, bei dem man Angst hat, es könnte bei der geringsten Unachtsamkeit eine Delle abkriegen, und bei dem man sich wundert, dass es nicht vom bloßen Hingucken zerfällt. Begleitet wird die Braut von einer jaulenden Tröte und einer Pauke. Die Braut schwebt zu einem nagelneuen Audi und wird vorsichtig wie eine Ming-Vase aus der Ming-Dynastie darin verstaut.

Die Hochzeitsgesellschaft trottet hinterher und schwärmt aus, aber ich kann keinen Zeremonienmeister ausmachen. Alle stehen ratlos herum. Wie ich. Es sieht fast so aus, als ob das Brautpaar seine Flitterwochen im Auto verbringen wird, das mit einer Schleife wie ein Geschenk verpackt ist und wahrscheinlich auch eins ist. Aber dann setzt sich die Autokolonne in Bewegung.

Das Fenster des Audis schnurrt herunter, und

ratzfatz drängeln sich zehn halbwüchsige türkische Jungs vor der sich öffnenden Büchse der Pandora. Das türkische Hochzeitshubkonzert beginnt und ich schleiche mich in »Kottis Sport's Bar«, ein türkisches Wettbüro, weil man hier in Ruhe gucken kann und nicht von dem merkwürdig tumultuösen Verhalten merkwürdiger Fans in der Parallelgesellschaft des »Franziskaners« belästigt wird.

Neben mir sitzt einer mit Glatze und schwarzer Lederjacke und dicken Geldbündeln, und ab und zu werden Scheine über den Tisch hin und her geschoben. Ich würde auch gerne wetten, aber ich verstehe die ausliegenden Wettzettel nicht. Und auch sonst verstehe ich nichts, und gerade das ist sehr angenehm. Ich mag diese Parallelgesellschaft. Ich glaube sogar, dass Doatmund deswegen gewonnen hat. Die Barfrau grinst mich freundlich an, als ich gehe.

Rampensäue in Mitte

»Hinter dir ist Leander Haußmann, aber dreh dich nicht um«, zischelt mir Nadja ins Ohr, dabei bräuchte sie gar nicht zu zischeln, denn wir stehen gegenüber den Hackeschen Höfen, Autolärm braust, und wir verursachen gerade einen Touristenstau, weil wir auf dem engen Bürgersteig stehen geblieben sind, um zu beraten, welche Flaschengetränke wir kaufen, um uns unauffällig unter die jungen Großstadtnomaden zu mischen, die alle mit einem Flaschengetränk in der Hand herumlaufen, von der Angst geplagt, auf der Stelle zu dehydrieren, wenn man nicht mit einem Flaschengetränk in der Hand herumläuft.

»Wer?«, frage ich, wie ich das eigentlich immer tue. Sicherheitshalber.

»Leander Haußmann«, zischelt es wieder.

»Wer ist das?«, frage ich. Nadja kräuselt die Stirn, dann verschwindet sie in einem Laden und besorgt ein paar Flaschen, während ich wie ein Tourist dumm herumstehe.

Der Mann, der Leander Haußmann sein könnte, wenn ich das Verdrehen der Augen und die kurze Bewegung mit dem Kopf richtig deute, die Nadja unauffällig in eine bestimmte Richtung gemacht hat, trägt Beige und Dunkelblau, oben ein beiges Blouson und unten eine dunkelblaue Levis, jedenfalls schließe ich messerscharf, dass es eine Levis ist, weil er außerdem ein kleines beiges Einkaufstütchen trägt, auf dem Levis steht. Der Hosenboden hängt modern nach unten und er torkelt mit einem Handy am Ohr die Straße entlang. Er ist nicht betrunken, aber er schwankt wie Rudolf Augstein in seinen besten Zeiten. Als er über die Straße eiert, mache ich mir schon fast ein wenig Sorgen, aber er weicht elegant den Autos aus. Das Handy lässt er dabei nicht los, er plappert und plappert und plappert.

Ein bisschen wie Fup, der schwer wie ein Glücksbuddha auf meinen Schultern sitzt. »Kennst du den?«, frage ich Fup, aber Fup hört mir nicht zu. Fup hört mir nie zu. Fup interessiert sich nicht für den torkelnden beige-blauen Leander Haußmann, er macht Faxen, und die Touristen winken ihm zu und lachen. Ich kann zwar nicht sehen, was er da oben auf meinen Schultern für Faxen macht, aber ich kenne ihn. Er muss immer die Rampensau geben. Vielleicht sollte ich mit einem Hut herumgehen und Geld sammeln, denke ich. Gegenüber Fup kann Leander Haußmann mit seiner Torkelnummer echt einpacken.

Berlin Blues

Die Verkäuferin am Leckerback-Tresen sagt zu der Frau neben mir: »Der junge Mann da war glaube ich vor Ihnen.« Das passiert mir in letzter Zeit häufiger. Nicht, dass ich bevorzugt behandelt, sondern dass ich mit »junger Mann« angeredet werde. So sind die Berliner. Lassen sich keine Gelegenheit entgehen, dich ihren Sarkasmus spüren zu lassen. Daran merke ich, dass ich alt werde. Vielleicht liegt es auch an dem miesen Wetter, das jemand wie eine graue und verranzte Wolldecke über Berlin gelegt hatte, oder an den lausigen Fällen, die ich zu bearbeiten hatte. Meistens jagte ich getürmten Ehemännern hinterher und anschließend hinter ihren Frauen, weil sie nicht zahlen wollten.

Stop! Der letzte Satz stammt aus der Chandler-Verfilmung »Farewell My Lovely« mit Robert Mitchum und gehört gar nicht hierher. Oder vielleicht doch? Jedenfalls hat mich der Berlin Blues im Klammergriff. Da kommt mir einer wie Robert Mitchum gerade recht. Natürlich jage ich weder getürmten Ehemännern noch ihren Frauen hinterher, sondern laufe mit eingezogenem Kopf und hochgeschlagenem Mantelkragen die Urbanstraße entlang. Wie James Dean, nur dass James Dean natürlich nicht durch die Urbanstraße gelaufen wäre.

Feiner Nieselregen nieselt. Im türkischen Antiquitätenladen sitzen sich zwei Männer schweigend gegenüber, die Blicke auf den Boden geheftet. In einer Bäckerei kann sich ein kleines Mädchen nicht entscheiden. Im Café »Casino« guckt ein alter Mann ausdruckslos ins schale Bier. Im Zeitungskiosk sitzt der Kioskbesitzer zusammengekauert mit verschränkten Armen hinter einer zugezogenen Scheibe und starrt ins Nichts. Ein Mann lässt die Rollos seines Ladens runter und sagt: »Das war's!« Niemand ist da, der ihm hätte widersprechen können. Eine alte Frau schleicht im Tempo einer Schildkröte auf Schlaftabletten den Weg entlang. Ich glaube nicht, dass sie heute noch irgendwo ankommt.

Der Berliner Blues macht mich müde. Vielleicht bin ich auch deshalb müde, weil ich wirklich alt werde, höre ich Robert Mitchum sagen. Ja, so wird's wohl sein, seufze ich hingerissen von meiner Schwermut, die ich förmlich kneten kann.

»Junger Mann«, sagt die alte Frau hinter mir, »können Sie mal einen Schritt zur Seite gehen?«

Friseur und Penner

»Das Problem ist, dass ich ständig mit Pennern herumhänge, die ich nicht verstehe«, sagt ein Mann mit einer Bierflasche in der Hand zu einem anderen Mann, der auch eine Bierflasche in der Hand hat, aber in der anderen Hand außerdem noch einen Stock, an dem er geht. Vielleicht liegt das Verständigungsproblem daran, denke ich, dass der mit dem Stock gute zehn Meter hinterherhinkt, und auf die Entfernung wird es tatsächlich schwierig, jedenfalls bei einer temperierten Unterhaltung. In diesem Fall aber höre sogar ich alles, und ich stehe auf der anderen Straßenseite. Der Mann mit dem Stock antwortet etwas auf türkisch. Vielleicht beschwert er sich darüber, dass er wie eine türkische Ehefrau hinterherlaufen muss. Immer wieder dreht sich der vorneweg laufende Mann um und beschwert sich über irgendetwas. Aber er wahrt den Abstand. Wenn der Ältere mit Flasche und Stock zu nahe kommt, eilt der Jüngere nur mit Flasche davon, bleibt der hinten stehen, bleibt auch der vorne stehen.

Ein bisschen wie eine Ziehharmonika, denn natürlich ist der Abstand nicht immer gleich groß. Ein eigenartiges Paarlaufen. Ich meine, normalerweise laufen die Leute ja nebeneinander, vor allem, wenn sie sich unterhalten. In diesem Fall verläuft die Unterhaltung von vorne nach hinten, bzw. umgekehrt, also etwas komplizierter als sonst, vor allem für den vorne, weil er sich ja immerzu umdrehen muss, um sich zu vergewissern, ob der Andere noch da ist.

Am Kottbusser Damm verliert sich ihre Spur und ich gehe zum Kuaför »Star«. Mein Berber, der mir normalerweise die Haare schneidet, ist nicht da. Nur ein Ersatzberber. Ich frage ihn, ob er Fup die Haare schneiden kann. Fup starrt den Ersatzberber aus seinem Kinderwagen heraus unverwandt an. Der Berber lächelt verbindlich.

Na gut, der Witz ist schon mal gründlich krepiert. Die Kuaför-Familie, die den Friseurraum bevölkert hat, verzieht sich schweigend nach hinten in die Privaträume, und mir wird ein bisschen mulmig, denn ich habe das ja schon häufig genug in Filmen gesehen, dass es nichts Gutes bedeutet, wenn Leute schweigend den Raum verlassen und man plötzlich allein ist mit einem anderen Mann, und wenn es nur ein Berber ist.

Ich setze mich in den Friseurstuhl. Der Berber greift zum Rasierapparat mit zwei Einstellungen und fährt mir damit ziellos über den Kopf. Ich hab ja gesagt, dass es nichts Gutes bedeutet. Danach sehe ich irgendwie rattig aus. Meint jedenfalls Nadja. Ich muss jetzt immer ein paar Meter hinter ihr her laufen, was unsere Kommunikation ziemlich schwierig gestaltet.

Modernes Theater

Wir gehen ins Theater. Irgendwas Experimentelles im HAU Drei. Im HAU Zwei müssen wir uns erklären lassen, wo das HAU Drei ist. »Wenn wir das HAU Drei nicht finden, können wir immer noch zu Thomas Meinecke gehen«, sage ich aus Spaß. Thomas Meinecke ist groß im HAU Zwei angekündigt. Damit soll es aber nun mal gut sein mit dem Werbespot für das HAU.

Die Zuschauertribüne des HAU Drei ist so steil wie im Westfalenstadion, was ich sehr gut finde. Die Sicht auf die Bühne ist prima. Und die ist fast so groß wie ein Fußballfeld. Wir werden von drei Schauspielern mit großen Tierköpfen begrüßt, bzw. gucken sie gestenreich zu, wie sich die Zuschauer auf die Sitze verteilen, sie heben entschuldigend die Hände, deuten irgendwohin und tun so, als würden sie sich fragen, was tun die eigentlich alle da. Vielleicht wäre Thomas Meinecke doch die bessere Alternative gewesen.

Ein Schauspieler verrät zu Beginn die Handlung und erzählt recht ausführlich, worum es geht. Trotzdem verstehe ich das Stück nicht. Einige reden deutsch, die anderen portugiesisch. Wenn portugiesisch gesprochen wird, dann erscheint die Übersetzung oben auf einer großen Pappwand, hinter der die Schauspieler ab und zu verschwinden. Man muss schnell lesen, wenn man alles mitbekommen will, kriegt dann aber nicht so viel vom Schauspiel mit. Das besteht hauptsächlich darin, dass die Schauspieler die gesamte Spielfläche nutzen, indem sie viel hin und her laufen. Wie im modernen Profifußball. Ein richtiges Action-Theater mit Action-Painting und sogar einem Action-Kampf, wenn es sowas gibt. Dabei halten sich die Schauspieler häufig eine Maske vor das Gesicht, grobe S/W-Reproduktionen von Angela Merkel, Bertold Brecht, Che Guevara, Adolf Hitler und Marighella, was ich aber nur weiß, weil ein Schauspieler ein Namensschild schwenkt. Das Stück ist was Unvollendetes von Brecht mit dem Titel »Fatzer«. Der Name gefällt mir. Der würde auch gut zu Fup passen. Ich finde, Spitznamen kann man gar nicht genug haben.

Literatur und Politik

Eigentlich will ich der Ausstellungseröffnungsrede des Ex-*Titanic*-Chefs und nunmehrigen Partei-Vorsitzenden Martin Sonneborn in der »Marheinike Markthalle« lauschen, aber da ruft mich mein Anwalt an, weil Martin Walser und der Rowohlt Verlag von mir zwanzigtausend Euro wollen, wenn ich weiterhin behaupte, dass Walser ... Tja, das würden Sie jetzt gerne wissen, aber das ist mir ein bisschen zu teuer, und selbstverständlich bin ich für zwanzigtausend Euro bereit, auch das Gegenteil dessen zu behaupten, was ich hier an dieser Stelle leider nicht ausplaudern darf. Mein Anwalt findet, dass ich die Sache auf die leichte Schulter nehme, aber ich kann nun mal niemanden ernst nehmen, der in einem seiner letzten Romane geschrieben hat: »Fickst du mich richtig durch. – Ich ficke dich richtig durch. – Besorgst du's mir wirklich. – Ich besorg es dir wirklich. – Ist deine Fotze scharf auf meinen Schwanz. – Meine Fotze ist scharf auf deinen Schwanz. – Bist du nichts als eine geile Fotze. – Ich bin nichts als eine geile Fotze ...«

Huch! In welches Fahrwasser bin ich denn da

auf einmal geraten? Eigentlich wollte ich nur sagen, dass mich das Gespräch mit meinem Anwalt davon abgehalten hat, Martin Sonneborn zuzuhören. Ich kriege noch mit, wie Martin Sonneborn sich über die Grünen lustig macht, die in Berlin ihren Wählern tausend Arbeitsplätze versprechen. DIE PARTEI hingegen, deren Vorsitzender Martin Sonneborn ist, verspricht, tausend Arbeitsplätze abzuschaffen. Das hört sich gut an.

Nach seiner Rede fragt mich Sonneborn, ob ich nicht für DIE PARTEI kandidieren wolle. Ich gebe zu bedenken, dass ich vielleicht erst mal Mitglied werden sollte. »Ach, das ist nicht nötig. Hauptsache, du gewinnst die Wahlen nicht«, sagt Sonneborn. »Das kann ich garantieren«, versichere ich ihm. Aber 13 Prozent wie Kinky Friedman 2006 in Texas, das würde mir gefallen. Und Zwanzigtausend für die Wahl wären auch nicht schlecht. Dann würde ich Ihnen auch erzählen, was ich über Martin Walser nicht sagen darf. Obwohl, nein, ich glaube ich würde die Zwanzigtausend lieber behalten. Das, was ich über Walser erzählen könnte, ist sowieso nichts Neues. Jeder hat das schon mal gehört.

»Wir müssen erstmal zur Wahl zugelassen werden«, sagt Sonneborn. »Dann wird es wohl nichts mit den Zwanzigtausend?«, frage ich. »Ne, daraus wird nichts«, sagt Sonneborn.

Das Gesicht der Gentrifizierung

Im »Principe di Napoli« redet gerade Jan Liefers mit Engelszungen auf mich ein, wie er einen Roman aus meinem Verlag verfilmen würde, als ich von einer Gruppe wie aus dem Ei gepellter Jungmänner in akkurat sitzenden Anzügen, festgezurrten Schlipsen, windschnittigen Frisuren und hochglanzpolierten braunen Lederschuhen abgelenkt werde.

Was tun die hier, frage ich mich. Ich stehe auf, schnappe mir einen der »Gschpritzten«, wie man in Österreich sagen würde: »Was willst du hier, Fremder?«, frage ich. Naja, würde ich fragen, wenn ich ein Cowboy wäre und hier Cowboy-Land. Ist aber nicht. Hätte ich aber gefragt, hätte ich erfahren, dass es sich um Münchner »Immobilienhaie« handelt, die auf der Suche nach »Filetstücken« sind.

Das behaupten zwei KiezbewohnerInnen, die beim Bäcker in der Schlange vor mir stehen. »Hier haben ja zur Zeit alle Angst wegen der Gentrifizierung«, sagt die eine. »Meine Tochter schreibt gerade ihre Abiturarbeit über die Gentrifizierung des Graefekiez«, sagt die andere. Oh, denke ich, deshalb also die Fremden. Morgen, so erfahre ich aus dem Gespräch, das sich hinzieht wie die Schlange vor mir, findet eine »Kiezbegehung« statt.

Da muss ich hin, denke ich. Vor einem eher unattraktiven Haus in der Dieffenbachstraße verliest ein bärtiger »Kiezbegehungs«-Mann die klagende Anklage eines Anwohners. Ein Immobilienhai hat sich das Filet unter den Nagel gerissen. Es sieht allerdings noch genauso heruntergekommen wie vorher aus. Aber, so dräut es vielsagend in der Rede, wer weiß, was da noch alles passiert.

Da der Vortrag nicht wirklich spannend ist, verlasse ich die Gruppe und esse ein Pizzastück aus der Kanadischen Pizzeria. Dann mache ich mich auf den Weg nach Hause. Bevor ich um die nächste Häuserecke biege, frage ich mich, ob ich mir vielleicht doch Sorgen machen sollte, wenn die »Kiezbegehung« vor meinem Haus steht. Sie steht tatsächlich vor meinem Haus. Das glaub ich einfach nicht, denke ich.

Ich mische mich unauffällig unter die »Kiezbegeher«. Der Hausbesitzer hätte eine Wohnung renoviert und für das fast Dreifache vermietet, höre ich. Stimmt. Danach ist eine Kleinfamilie eingezogen. Ein großer Mann und eine nicht ganz so große Frau, ein großer Zottelhund und ein großes Auto, mit dem man auch über einen frisch gepflügten Acker fahren kann, wenn die Straßen verstopft sind und jeder gucken muss, wie er durchkommt, weil die Russen doch plötzlich angreifen, obwohl schon lange niemand mehr damit gerechnet hat, oder irgendeine Flüchtlingswelle über Berlin hereinschwappt, oder damit der große Hund reinpasst. So ein Auto.

So sieht die Gentrifizierung also aus, denke ich. Sie wohnt direkt über mir und ich hatte keine Ahnung. Sie ist freundlich und nett, viel freundlicher und netter als Frankenstein, der vorher da wohnte und den ich so nannte, weil er so aussah wie das von Doktor Frankenstein erschaffene Monster Boris Karloff und sich auch so benahm, und der eines Tages vor meiner Wohnungstür stand und »Paket« belferte, das die Post bei ihm für mich abgegeben hatte. Das war das einzige Wort, das wir in unserer 20-jährigen Nachbarschaft miteinander wechselten. Oder wie Frankensteins Vater Hinkebein, von dem ich immer wusste, wo er sich gerade befand, weil er wie Long John Silver mit einem Holzbein auf den Holzdielen tok tok tok machte.

Die Gentrifizierung ist nicht nur schlecht und fies, denke ich. Manchmal ist sie auch nett und freundlich.

Überfall auf Edeka

Der »Graefekiez« droht der Gentrifizierung zum Opfer zu fallen, und dann das: Die Milch ist aus. Um auf meiner Pavoni, dem Mercedes unter den Kaffeemaschinen, einen Latte macchiato aufschäumen zu können, bleibt mir nichts anderes übrig, als schon am frühen Morgen Edeka aufzusuchen, was ich sonst zu vermeiden suche, weil um diese Zeit alle Berliner schlechte Laune haben, mit der sie allerdings den restlichen Tag auch nicht hinter dem Berg halten.

Der türkische Kassierer zeigt einer Kundin mit einer nur rudimentär funktionierenden Fernbedienung etwas auf der Überwachungskamera, die über der Kasse hängt. Dabei sagt er: »Da ... so, da gleich ... na, das muss doch jetzt kommen ... nein, aber ... wo ist das denn?« Mir geht das ein wenig auf die Nerven, weil ich gerne zahlen und wieder in meine Höhle möchte. Die Frau betrachtet fasziniert den Bildschirm mit sechs verschiedenen Perspektiveinstellungen.

Plötzlich huschen zwei Jungs mit Kapuzen in den Laden. Auf dem Bildschirm jetzt, nicht in echt. Also schon in echt, aber eben am Abend vorher kurz vor Ladenschluss. Sie tauchen auf einem weiteren Bildschirm vor der Wursttheke auf und veranstalten Hektik. Einer hat ein Messer, der andere eine Pistole, wie der Türke erklärt, weil man das nicht so genau sieht. Dann fliegt einer der Jungs auf einem anderen Bildschirm aus dem Laden. Ein Kunde hat ihn rausgeworfen, und draußen »hat der Chef ihm noch eins übergebraten«, sagt der Türke. »Ein Überfall?«, frage ich. »Jaja, ein Überfall«, sagt der Kassierer. Er ist begeistert.

Ich hatte mir schon immer überlegt, zu was die Überwachungskameras gut sein sollen, denn ich würde darauf nicht mal meine Mutter erkennen, geschweige denn Sophia Loren. Jetzt weiß ich es: Die Aufnahmen sind sowas wie Urlaubsfotos. Im Unterschied zu denen machen die Überfallaufnahmen allerdings mehr her, auch wenn alles ganz schnell gegangen ist.

Vielleicht ist das Viertel für eine anständige Gentrifizierung doch noch nicht reif, denke ich beim Milchaufschäumen. Ich meine, das ist ja wie in einem schlimmen Viertel in New York, in der Bronx, obwohl die Jungs hier noch ein bisschen üben müssen. Wahrscheinlich haben sie jetzt von ihrem peinlichen Auftritt, der womöglich auch noch auf Youtube gestellt wird, ein Trauma weg und werden deswegen mal üble Schläger und Knackis, denn wer einen Tante-Emma-Laden überfällt, der landet mit großer Sicherheit früher oder später im Knast.

Eene Woche keen Sex

Ich sitze im Wartezimmer des Doktor Wieskerstrauß und warte. Außer mir warten noch ein paar andere. Unter anderem ein Mann mit Glatze und großer Gürtelschnalle. Neben ihm eine mopsige Frau mit üppigem Pferdeschwanz. Sie vertreiben sich die Zeit mit dem Durchblättern abgelaufener Magazine. Die beiden kommentieren für alle Anwesenden deutlich vernehmbar die Figur von Lady Gaga.

»Keen Wunder, dass die sich so aufbrezeln muss, wa. Hat ja keene Möpse. An der is ja überhaupt gar nix dran«, sagt die doch sehr ins Mopsige tendierende Frau.

»Und 'n Arsch hatse ooch keen. Wat willste denn mit der anfangen?«, pflichtet ihr der Mann bei, bevor sie über die sekundären Geschlechtsmerkmale des nächsten Stars zu lästern beginnen. Immerhin Kriterien, nach denen beurteilt zu werden die meisten Stars sich redlich verdient haben.

Dann wird der Mann aufgerufen. Als er nach zehn Minuten ins Wartezimmer zurückkommt platzt er gleich mit dem Befund heraus: »Der Arzt hat gesagt, wir dürfen keen Sex mehr haben.« Das sagt er zu seiner Frau, aber auch die anderen lässt er großzügig an dieser Neuigkeit teilhaben. Die Frau sagt so laut, als müssten sich beide neben einem Presslufthammer verständigen: »Wie? Keen Sex?« Der Mann sagt: »Hat der Arzt gesagt. Eene Woche keen Sex.« Dabei sieht er mich grinsend an. »Ne, det halt ich nicht aus«, sagt sie und sieht mich ebenfalls an, irgendwie anzüglich. »Na weeßte was? Dann machen wir halt 'n bisschen langsamer, wa, Schatz?« Sie zwinkert mir zu. »Geht ja ooch anders, wa?« Sie macht eine kleine Pause, während der sie mich anguckt, als wäre ich ein bisschen Plemplem, weil ich die Frage »Wie anders?« doch jetzt mal so langsam stellen müsste. Mir wird plötzlich sehr heiß und mir fällt ein, dass ich wegen meines kleinen Gebrechens nun wirklich keinen Arzt belästigen muss.

Gefängnis und 700 Euro

Schon wieder beim Arzt. Der Winter ist hart und die Viren sind zahlreich, die unsere Virenschleuder aus dem Kinderladen mit nach Hause schleppt und fürsorglich an mich weitergibt. Könnte die Virenschleuder sprechen, würde sie vermutlich sagen, und zwar mit der Stimme von Norman Bates in »Psycho«: »Hier, Vater, noch ein besonders hartnäckiger und resistenter Virus. Der wird dir den Rest geben.« Und meistens hat er damit auch recht.

Eine zerzauste Frau mit mehr östlichem als südlichem migrantischen Hintergrund kommt ins Wartezimmer und setzt sich neben mich. Sie zieht einen kleinen Jungen hinter sich her und aus ihrer Tasche einen Brief, reißt ihn auf, gibt ihn mir und sagt: »Hier du lesen. Was da stehen?« Dabei knufft sie mich in die Seite, als ich etwas zögerlich das Papier in die Hand nehme. Dies ist ein Befehl. Widerstand zwecklos.

Es handelt sich um ein offizielles Schreiben vom Amt. Das Amt schreibt, dass die Frau 30 Tage in Erzwingungshaft zu gehen habe. »Sie müssen ins Gefängnis«, sage ich konsterniert. »Gefängnis?

Welches Kind?« »Wieviel haben Sie denn?« »Vier.« »Nein, *Sie* müssen ins Gefängnis«, sage ich. »Ach so«, sagt sie und zuckt gleichgültig die Schultern. »Ist alles?« »Ist das nicht schlimm genug?« »Nicht schlimm«, sagt sie. »Was noch da stehen?« »Naja, Sie haben sich geweigert, Ihre Kinder in die Schule zu schicken, deshalb sollen Sie ins Gefängnis«, sage ich.

Statt angemessen verzweifelt zu sein, sagt sie wegwerfend »jaja« und gibt mir ein weiteres amtliches Schreiben auf Umweltpapier. Ich fasse das Bürokratendeutsch zusammen: »Sie müssen aus Ihrer Wohnung raus, weil sie zu groß ist«, teile ich ihr eine weitere Katastrophenmeldung mit.

»Egal, nehme ich kleine«, sagt sie. »Hier steht noch, Sie kriegen 700 Euro Wohnungsgeld«, sage ich. »700? Ist sicher?«, fragt sie. »Ja, das steht hier«, sage ich, auch wenn ich's nicht verstehe. »Ist sicher?«, fragt sie nochmal und sehr nachdrücklich. »Ist sicher«, sage ich. Schließlich bin ich ja lernfähig.

Sie stopft die Briefe wieder in die Handtasche, steht auf und geht. So geht's natürlich auch, denke ich.

Zuviel Fischfang

Schon früh habe ich Miss Trixie mit Fisch gefüttert. Der macht Kleinkinder angeblich klug, weil er irgendwelche Synapsen miteinander kurzschließt, und das soll gut sein. Sagt mein Bruder, und der muss es wissen, denn der ist Bio-Lehrer und kennt sich mit Synapsen aus. Man sieht dann alles mehr im Zusammenhang, und das war früher immer ganz wichtig: Man muss das im Zusammenhang sehen, hieß es, und dann sah ich meistens ziemlich alt aus, weil ich irgendwas mal wieder nicht im Zusammenhang gesehen hatte. Und dieses Schicksal wollte ich Miss Trixie ersparen.

Und was habe ich damit erreicht? Abgesehen davon, dass sie keinen Fisch mehr isst? Sie macht eine Zeitung, und der Aufmacher heißt: »Zuviel Fischfang«. Darin heißt es: »Fischfang wird von aussterbenden Fischarten manchmal schon verboten, Walfang ist eigentlich total verboten, aber Leute in Japan machen es immer noch. Wale sind deshalb auch vom Aussterben bedroht. Es gibt ja schon sehr viel Regeln, welche Fische man fangen darf und welche nicht, aber auch an die Regeln halten sich nicht alle. Man denkt eigentlich, wenn Fische in einem See aussterben, ist das nicht so schlimm, auch wenn kleine Würmer in einem See aussterben, ist es nicht so schlimm, aber eigentlich ist es ganz im Gegenteil so. Wenn kleine Würmer in einem See aussterben, dann sterben auch die Fische. Die Fische haben sich nämlich von den Würmern ernährt, und wenn die Fische tot sind, dann haben auch die Störche nichts mehr zu essen. Was man selbst dagegen tun kann: Auf keinen Fall Wal essen oder kaufen, und nicht jeden Tag Fisch essen. Bei den Eskimos ist es eine Tradition, Wal zu fangen und zu essen. Das darf allerdings so bleiben, sie würden ja sonst verhungern.«

Da hatten die Eskimos ja nochmal Glück.

Zur Sau gemacht

»Die Japaner sind doch total krank«, sagt Nadja. Ich fühle mich außerstande, ihr zu widersprechen. Das kommt davon, wenn man unbedingt auf die Weltpremiere eines japanischen Krimis gehen muss. Der Regisseur und die Hauptdarstellerin sehen beide aus, als seien sie noch minderjährig. Das macht mich skeptisch, weil ich glaube, dass man in diesem Alter noch herumexperimentiert und dann was sehr bemüht Avantgardistisches herauskommt, was ich mir nicht unbedingt ansehen will.

Die ersten eineinhalb Stunden bestätigen meine Befürchtung, denn trotz englischer Untertitel verstehe ich gar nichts, und das geht nicht nur mir so. Neben mir ist ein Holländer eingeschlafen und schnarcht. Ich kann das nicht, weil meine Füße weh tun. Ich habe zu kleine Schuhe an, aber seitdem ich weiß, dass Schuhe ausziehen und zeigen eine schwere Beleidigung darstellt, über die in Ägypten sogar ein Diktator stürzte, lasse ich das lieber. Womöglich bringt sich der Regisseur um, wie sich auch in seinem Film ziemlich viel Leute umbringen. Niemand weiß, warum. Auch nicht die ungefähr zwanzig Ermittler, die bei den Besprechungen wie Pennäler auf Schulbänken sitzen und mit den Fingern schnipsen müssen, wenn sie etwas sagen wollen, und die dann aufstehen müssen, vom Chef zur Sau gemacht werden, und sich dann wieder hinsetzen müssen, wenn sie nicht entlassen werden wollen, wobei das Zur-Sau-gemacht-werden, wie man es aus deutschen Schulen der fünfziger Jahre kennt, noch ein Euphemismus ist. Bei den kranken Japanern geht's da aber anders zu. Da klingt jedes Wort wie ein Peitschenhieb, wie eine schallende Ohrfeige, und die Wörter fliegen einem um die Ohren wie die Kugeln aus einer MP oder was auch immer die Japaner benutzt haben, um die chinesischen Bauern im japanisch-chinesischen Krieg 1941 von ihren Flugzeugen aus zu beschießen. Das könnte jetzt ein wenig weit hergeholt sein, vielleicht dann doch eher ein bisschen kürzer: Die Worte fühlen sich an wie ein Messer im Rücken.

Das Messer respektive eine Schere haut ein Achtjähriger seinem Vater in den Rücken, der gerade seine gleichaltrige Freundin vergewaltigt. »Ich sag ja, die sind total krank«, sagt Nadja wieder. Einen guten Dienst hat der junge Regisseur seinem Land nicht erwiesen, schätze ich mal.

Im Intertank

Da ich leidenschaftlicher Passivraucher bin, freue ich mich schon darauf, mich in der Punkkneipe »Intertank« mal wieder schön zuqualmen zu lassen. Das »Intertank« ist eine Kneipe, die meine Eltern als »üble Spelunke« bezeichnet hätten. Ich muss immer samstags in meiner Eigenschaft als Fan des BVB in den »Intertank« gehen, dessen Spiele dort gezeigt werden. Der »Intertank« ist nur fünf Minuten von der »Milchbar« entfernt, aber seitdem ich geschrieben habe, dass Herta dort ein unerbittliches Regiment führt, ist sie so überfüllt, dass man nur noch hingehen kann, wenn man wissen will, wie Heringe eigentlich so leben, wobei es bei denen nicht so laut zugeht, dafür ist es bei denen aber auch nicht so eng.

Der Rauch lässt meine Augen tränen, was von den Menschen dort als Ausdruck meiner Freude oder Trauer über den BVB interpretiert wird. Die Tresenkraft Udo guckt mich spöttisch an, als ich eine Apfelsaftschorle bestelle. Das ist ein Ritual. »Was? Apfelsaftschorle?«, schreit er fragend durch die Rauchschwaden, damit alle mitkriegen, dass ein Perversling unter ihnen weilt. Ich nicke.

Neben mir sitzt der Stuttgarter-Kickers-Fan

Joe Bauer, der zu Besuch ist und als Ex-Alkoholiker auch Apfelsaftschorle bestellt. Udo schüttelt verständnislos und resigniert den Kopf. Joe Bauer hat in Stuttgart einen eigenen Taxifahrer und schon große Reden vor großen Massen geschwungen, die gegen Stuttgart 21 sind. Er schwärmt immer noch von der magischen Nacht, als die Kickers den BVB aus dem Pokal kickten. Joe Bauer nehme ich das nicht übel, und das nicht nur, weil er den Boss der Stuttgarter Hells Angels kennt, weshalb es selbstverständlich besser ist, etwas zurückhaltend zu sein.

»Dortmund isch no ned durch«, sagt er. »Vier Spiele sinn schnell verlore.« Das ist weise und wahr. Schräg hinter uns sitzt ein Krakeeler und macht dem Phrasenmäher Thurn und Taxis Konkurrenz. »Supermario, musst ma wieder ne Bude machen ... Sauber Tele, sauber ... Wir verlängern den Vertrach und verkofen ihn dann für 25 Mille, wa!«

Und plötzlich: »Diese Scheißschwaben, kofen hier den Kiez auf, wa! Und was ist dann? Fliegste aus der Wohnung, wa!« In seinem Fall hätte ich jetzt nicht wirklich etwas dagegen einzuwenden.

Vielleicht sollte ich ihm sagen, dass Joe Bauer gute Kontakte im Milieu hat, damit er den Mund nicht so voll nimmt.

Joe Bauer bleibt wie immer cool, denn cool ist sein zweiter Vorname. Er genießt das Spiel.

Polizeieinsatz

Zwei Einsatzfahrzeuge der Polizei mit Blaulicht quietschen ein bisschen mit den Reifen und kommen vor meinem Haus zum Stehen. Ich öffne das Fenster und überlege mir, ob ich ein Kissen auf die Fensterbank legen soll, um es auf meinem Beobachtungsposten bequemer zu haben, aber das erinnert mich zu sehr an Otto ein paar Häuser weiter, der das den ganzen Tag macht, meistens im Unterhemd. In diesem zwingend vorgeschriebenen Outfit ist mir das jedoch entschieden zu kalt.

Die beiden Einsatzfahrzeuge sind jeweils mit einer Frau mit einem Pferdeschwanz und einem Mann ohne Pferdeschwanz ausgestattet. Sie springen heraus und für einen Augenblick habe ich die Vision, sie würden mir Fup bringen, weil er aus dem Kinderladen abgehauen ist oder irgendwas angestellt hat, aber das ist natürlich Quatsch, denn auch wenn Fup bereits wegen fortgesetzter Renitenz und Plärrens aus einer Kita geflogen ist, er ist ja erst 18 Monate.

Die beiden Einsatzkräfte machen sich fünf Minuten lang an der Rückbank zu schaffen. Zum Vorschein kommt eine MP. Das letzte Mal, als ich diese kleinen handlichen Dinger sah, waren sie auf mich gerichtet, aber damals hatte ich noch eine Karriere als Staatsfeind vor mir, die sich dann aber zerschlagen hat.

Sie stürmen ins Nachbarhaus. Ich bin schon fest davon überzeugt, dass sie den letzten Querulanten abholen, der immer mit Mundschutz, einem Stock, Anorak und Lidl-Plastiktüte herumläuft und der in den gentrifizierten Bezirk passt wie ein Raucher auf den raucherfreien Spielplatz. Aber nach kurzer Zeit kommen die Einsatzkräfte wieder herausgestürmt, ohne irgendjemand in Handschellen abzuführen. Ich bin ein wenig enttäuscht. Die Einsatzkräfte stürmen ins nächste Haus. Wieder nichts.

Die MPs werden wieder unter der Rückbank verstaut. Das dauert wieder. Irgendetwas scheint zu klemmen. Inzwischen kommen Kinder vom raucherfreien Spielplatz herüber, umzingeln das Polizeiauto und fragen die Polizisten, ob sie Soldaten seien, weil sie ein Gewehr haben. Zur Belohnung dürfen sie das Blaulicht einschalten.

Berliner Frühling

Es muss mit dem ersten warmen Tag zu tun haben. Der eher verschlossene und mürrische Berliner taut dann auf und wird plötzlich redselig.

Ich sitze im BVG-Bus auf dem Behindertenplatz vorne schräg hinter dem Fahrer und starre träumend ins vorbeiziehende Berlin, als mich völlig unerwartet eine Anrede trifft: »Na, sind 'Se zufrieden? Alles okay so, wie ick fahre?«

Ich bin so erschrocken, dass ich panisch Zustimmung signalisiere, heftig mit dem Kopf nicke, ein breites Grinsen auflege und ein debiles »äh, jajajaja« brabble. Vielleicht will der Busfahrer testen, ob ich behindert und überhaupt berechtigt bin, auf dem Platz mit dem Panoramablick zu sitzen. Ich glaube, ich habe den Test bestanden, denn der Busfahrer lächelt, was sehr, sehr selten ist, fast so selten wie ein Raucher auf dem Kinderspielplatz vor meiner Tür.

Kaum habe ich den Bus verlassen, höre ich hinter mir eine erregte Stimme: »Hey Arschloch, willst du wissen, was mit dir los ist, Arschloch? Hör gut zu, Arschloch, du bist einfach das letzte, ja, Arschloch.« Whow, denke ich, denn die »Arschloch«-Dichte in seiner Suada ist sehr beeindruckend. Gleichzeitig bin ich erleichtert, dass nicht ich gemeint bin, denn als der Berliner mich überholt, spricht er in ein Handy.

In meiner Lieblingsbuchhandlung gehe ich mit meinem Lieblingsbuchhändler Jürgen vor die Buchhandelstür, damit er eine rauchen und ich ein wenig passivqualmen kann. Plötzlich sagt eine Frau im Vorbeigehen zu uns: »Stehn zwei Schwule zusammen und ham keen Geld.« Ich bin weniger von der plötzlichen Anrede überrascht, an die ich mittlerweile gewohnt bin, als vielmehr vom Inhalt der Aussage. Leider fällt mir auf die Schnelle nichts ein, was ich hätte antworten können.

Als mir nach zehn Minuten immer noch nichts eingefallen ist, gebe ich auf. Vielleicht hatte der Busfahrer ja recht mit seiner Vermutung, ich sei ein wenig behindert, aber eins ist mir klar: der Frühling ist ausgebrochen.

Der Untergang des Kapitalismus

Der Toner meines Laserjets 5 MP ist alle. MP wie Maschinenpistole, oder »Martha, Paula«, wie mein Computerhändler, der mir einen Toner besorgen soll, einem anderen Computerhändler ins Telefon buchstabiert, aber trotzdem alle. Ich klappere ein paar Geschäfte ab, bis ich schließlich zu »Tonerdumping« auf der Neuköllner Karl-Marx-Straße geschickt werde, wo ein Dumping-Geschäft neben dem anderen steht, was sich Karl Marx wahrscheinlich auch nicht hätte träumen lassen, obwohl diese aufgereihten Dumping-Geschäfte ja eigentlich vom Untergang des Kapitalismus zeugen, beziehungsweise von seinen letzten Zuckungen.

Aber trotzdem hätte Karl Marx bestimmt nichts gegen eine etwas repräsentativere Straße einzuwenden gehabt, eine mit etwas mehr Glamour, eine, in der noch der Atem der Geschichte zu riechen ist, vielleicht eine mit einer schönen Revolution oder wenigstens mit ein paar Barrikaden, wenn man schon seinen guten Namen für eine Straße hergeben muss.

Im Laden riecht es zwar nicht nach Geschichte,

aber streng. Genaugenommen nach Döner. Der Händler guckt in seinen Computer, ob er den Toner für einen Laserjet 5 MP da hat. Hat er nicht. Ob mein Drucker so selten sei, frage ich. Selten nicht, aber bevor er sich den Toner auf Lager legt, wo er »ein Jahr vor sich hin schimmelt«, das hätte »keinen Zopf«.

Eine Kundin betritt den Laden: »Riecht lecker hier«, sagt sie. »Lass mich raten: Bratkartoffeln!« »Chinapfanne«, sagt der Händler. »Lecker«, sagt die Frau noch einmal. Chinapfanne hätte sie auch genommen. Vielleicht bin ich hier in einem Imbiss gelandet, der auch Toner verkauft, aber nicht auf Lager hat. Aber ich sehe keinen Grill hier. Ich überlege, wenn ich schon keinen Toner bekomme, vielleicht sollte ich stattdessen Chinapfanne nehmen, die nach Döner riecht, und dabei ein bisschen dem Kapitalismus zugucken, wie er untergeht.

Alles schick

Die Frau, die an den Caféhaustisch neben den meinen tritt und dort Bekannte begrüßt, ist von Mitteilungsdrang beseelt. Alle im Umkreis eines geschätzten Quadratkilometers lässt sie an den Neuigkeiten teilhaben, die es in ihrem Leben gibt. Ich bewundere solche Menschen abgrundtief.

»Wir fahren jetzt raus auf unser Grundstück zum Barbecue. Da bauen wir ein Haus. Eins haben wir schon. In Hamburg. Und demnächst wird geheiratet.« Hört sich fast so an wie in der Werbung (»mein Haus, mein Auto, mein Mann«), weshalb ich mich verstohlen nach einer Kamera umsehe. Gibt aber keine, jedenfalls keine, die ich sehe. »Alles schick«, fügt die Frau noch hinzu, und das bringt mich ins Grübeln.

»Der Olli«, den sie von der anderen Straßenseite herüberwinkt, kann jedenfalls nicht gemeint sein, denn der trägt viertellange Hosen, Sandalen mit riesigem Fußbett, ein kariertes Freizeithemd und tendiert stark in die Breite, und das nicht nur in der Mitte. Und auch der Begriff »Olli« verträgt sich nicht mit schick, eher mit Dittrich, bzw. mit abgetragenem Bademantel. Ich glaube, früher sagte man statt »alles schick« »oder so«. Das ist zwar auch ziemlich überflüssig, klingt aber nicht so selbstzufrieden.

Die Frau teilt den zahlreichen Menschen an den Caféhaustischen noch mit, dass sie vier Jobs habe. Sollte das bei den Arbeitslosenzahlen nicht verboten sein, frage ich mich, aber dann lenke ich vor mir selbst ein und sage mir, dass vier Jobs eine angemessene Bestrafung sind. Dann denke ich wieder: Na, werden schon so Jobs sein. Irgendwas mit neuen Medien wahrscheinlich. Was Wichtiges eben. Olli hat auch vier Jobs, sagt die Frau noch. Sind schon acht. Und die heiraten jetzt. Alles schick. Oder so.

Ist die Gentrifizierung doch schon weiter fortgeschritten, als ich gedacht habe? Nicht ganz. Um die Ecke lauert der nichtsnutzige Biertrinker und trinkt Bier. Und das schon seit geraumer Zeit. Er tut sonst nichts. Sitzt nur da und trinkt Bier. Und raucht. Er hat nicht mal *einen* Job, und er will vermutlich auch gar keinen. Ob für ihn »alles schick« ist, weiß ich nicht, aber er sieht zufrieden aus. Er muss nicht aufs Land zu einem Barbecue.

Ulrike Meinhof

Vor dem Kreuzberg-Museum treffe ich meinen Lieblingsbuchhändler. Das ist jetzt kein großer Zufall, denn wir sind da verabredet. Allerdings im Museum zu einer Ausstellung, nicht vor dem Museum. Aber bei starken Rauchern kann man sich eigentlich gleich davor verabreden. Er ist gerade in ein Gespräch vertieft mit einem kleinen Mann, bei dem mir Karl Mays »Wurzelsepp« einfällt, aber nicht weil ich mich erinnern würde, was drin stand, sondern weil ein Porträt vorne auf dem Titel war. Oder Harry, aber bei dem weiß ich inzwischen gar nicht mehr so genau, ob er einen Bart hat oder gerade keinen. Außerdem hat Harrys Bart, wenn er mal einen hat, keine zwei Spitzen. Dieser schon, d.h. man kann mit jeder Hand einen Zipfel packen und dran ziehen, was ich aber nicht mache, obwohl der Bart dazu verführerisch einlädt.

Wegen der Haarwucherungen erkennt man vom Gesicht nicht viel mehr als vom Zwerg in »Der Herr der Ringe«. Aber der hier ist nicht so mürrisch. Er erzählt gerade, dass er mit »Jan« und »Holger« zusammen auf die Filmhochschule in Berlin gegangen sei. Einmal in der Woche kam auch »Ulrike« von Hamburg angeflogen. Ganz in Schwarz. Sie saß in der letzten Reihe und habe dabei eine Kippe nach der anderen geraucht. Danach sei sie gleich wieder zurückgeflogen.

»Zu ihrem Klaus«, sagt er.

»Röhl?«, frage ich, weil der Mann »zu ihrem Klaus« so betont, als ob die beiden was miteinander gehabt hätten, dabei waren sie doch bloß verheiratet.

Oral history aus den Anfängen der RAF. Davon hatte ich noch nie gehört. Und dann kriegt man das einfach so und ganz nebenbei erzählt. Andere hätten gleich die Geschichte der RAF komplett umgeschrieben, und hier läuft einem Geschichte aus erster Hand mitten in Kreuzberg über den Weg, ungebrochen, mit einem langen Bart und mit Fahrrad. So was würde einem woanders nicht passieren.

Eine Landplage

»Schießen Sie bitte nicht auf den Pianisten« wurde früher auf Schildern hingewiesen. Die Musiker standen unter besonderem Schutz, weil man ihrem Beruf und ihrem Können Achtung entgegenbrachte, und deshalb sollten sie nicht gleich getötet werden, wenn sie ins Kreuzfeuer zweier feindlicher Gangs gerieten.

»Heute ist das alles ganz anders«, seufzt der Besitzer eines kleinen Restaurants bei mir um die Ecke. »Die Gefahr für Musiker, erschossen zu werden, ist sehr gering. Und deshalb haben sie sich auch so rasant vermehrt.«

Interessante Theorie.

»Man kann hier ja keine fünf Schritte mehr gehen, ohne über diese verdammten Schnorrer zu stolpern.« Achtung vor ihrem Beruf und Können hätte niemand mehr, denn vor allem mit ihrem Können hapere es in der Regel, weshalb er dafür plädiere, die alte Tradition wieder zu beleben und einen Verein zur Erschießung von Straßenmusikern zu gründen, um den Bestand dieser Landplage auf ein erträgliches Maß zu reduzieren. Er würde freiwillig den Vorsitz übernehmen.

»Ich kann's nicht mehr hören. Überall krächzt

eine verdammte Trompete, jault eine Ziehharmonika, quietscht ein Saxophon. Letzthin hat einer sogar ein ganzes Klavier hinter sich hergezogen.« Stimmt, aber Klavier sollte erlaubt sein, finde ich, da ist der persönliche Einsatz so groß, dass keine Inflation von Klavierspielern zu erwarten ist. Sogar eine Harfe hatte jemand auf die Admiralbrücke transportiert, um die Saiten zu zupfen, dabei war dieses Instrument doch schon zurecht in Vergessenheit geraten.

Der Restaurantbesitzer geht sehr ruppig mit den Straßenmusikern um, die mittlerweile einen weiten Bogen um seinen Laden machen. Von der anderen Straßenseite wehen die Klänge einer Kombo des Grauens herüber. Ich bin geneigt, dem Verein beizutreten. »Vielleicht sollten wir schon mal die Satzung ausarbeiten«, sage ich.

Aus Getränke Hoffmann wankt ein Alkoholiker. In seiner Parkatasche steckt ein Flachmann. In den Händen hält er eine Flöte. Die Töne klingen sehr nach hochprozentigem Alkohol. Der Restaurantbesitzer ignoriert ihn. Schließlich kann er nicht jeden erschießen.

Backfische

Vor dem Öko-Bäcker ringelt sich auf dem Bürgersteig eine Schlange. Ich stelle mich an, denn ich habe einen Auftrag. Und dieser Auftrag lautet: Zwei Croissants und eine Milch kaufen. Das fällt mir schwer, denn Fup sitzt auf meinem Arm, und das heißt, 13 Kilo ziehen mich nach unten. Vor mir steht ein Mann, der auch ein Kind auf dem Arm trägt. Und davor steht noch ein Mann mit einem Kind. Und davor noch einer, und noch einer. Daran erkenne ich, dass Sonntag ist. Und daran, dass alle mit Kaffee in Pappbechern wieder herauskommen, und mit sehr großen braunen Tüten, als würde zu Hause eine zehnköpfige rumänische Gastfamilie warten, die seit einer Woche nichts mehr zu essen bekommen hat.

Die Kunden sind sehr auf Sicherheit bedacht. Sie tragen Jack Wolfskin, Rucksack, Fahrradhelm, und das rechte Hosenbein ist nach oben gekrempelt. Außerdem haben alle ein kleines Bonusheftchen, das sie sich abstempeln lassen, um nach zehn Stempelchen einen Bonuskaffee zu bekommen.

Obwohl ich mir nicht viel merken musste, habe ich die Milch vergessen. Also schnell zum anderen Bäcker hier im Viertel. Diesmal ohne Fup. Vor mir steht ein Mann ohne Kind. Er hat eine ausgebeulte und schlabbrige braune Stoffhose an, ausgetretene Lederschuhe und eine Jacke, die an zwei Nahtstellen geplatzt ist. Er kauft zwei Brötchen. An einem Tischchen sitzt ein unrasierter und ungekämmter Mann, schlürft schwarzen Kaffee aus einer richtigen Tasse und starrt aus dem großen Schaufenster.

Später befinde ich mich schon wieder vor der Öko-Bäckerei, weil Fup dort eine kleine Wippe entdeckt hat. Eine Meute von dreißig Backfischen kreist uns ein. Ein Mann sagt zu den Backfischen: »This is an organic bakery with natural products and she is very typical for the quarter here.« Dann verschwindet er in der Bäckerei und kommt mit einem Tablett mit übriggebliebenem Käsekuchen wieder heraus. »This is a cake with cheese«, sagt er. Die Backfische stürzen sich auf den Käsekuchen. Einige legen ihn befremdet wieder zurück. »And over there you see a canadian pizzeria, also very typical«, sagt der Mann. »Can be a canadian pizzeria in Kreuzberg typical?«, frage ich Fup in vielleicht nicht korrektem, aber möglichst einfachem Englisch, aber Fup tut so, als ob er mich nicht hören würde.

Die Backfischsightseeinggruppe setzt sich wieder in Bewegung und lässt ein paar Käsekrümel auf dem Pflaster zurück, die Fup neugierig zwischen seinen Fingern zerreibt.

Der allerletzte Prolet

Das erste, das mir durch den Kopf schießt, als mir Uwe Ochsenknecht über den Weg läuft: »Huch, das ist ja Uwe Ochsenknecht.« Fast hätte ich ihn nicht erkannt. Aber gerade noch rechtzeitig, bevor er an mir vorbeigelaufen ist, signalisiert meine Netzhaut ans Gehirn: Uwe Ochsenknecht.

Und das ist sehr ungewöhnlich, denn normalerweise signalisiert mir meine Netzhaut, oder was auch immer dafür zuständig ist, keine Schauspieler, nicht mal richtige Schauspieler wie ... jetzt fällt mir der Name nicht ein, aber er spielte in »Der Jäger des verlorenen Schatzes« den Jäger. Meine Freundin war damals total aufgeregt, während ich mich suchend umguckte und ein paar Mal hintereinander »Wo! Wo! Wo!« fragte. Und den haben wir auch nicht in Kreuzberg, sondern in New York getroffen. Uwe Ochsenknecht ist also mein erster Schauspieler, den ich ganz von alleine erkannt habe, ohne dass mich jemand in die Seite knuffen musste.

Dann geht mir durch den Kopf: »Was macht der denn hier?« Und dann: »Oh Gott, der ist bestimmt hierher gezogen!« Pause, und zwar wahrscheinlich so lange wie zwei Synapsen brauchen, um sich kurzzuschließen. »Dann ist die Gentrifizierung also perfekt. Dazu hat nur noch Uwe Ochsenknecht gefehlt! Das missing link der Gentrifizierung im ›Graefekiez‹.«

Ich stelle mir vor, wie Uwe Ochsenknecht dem letzten Alkoholiker aus dem Viertel die letzte billige Wohnung unter dem Arsch wegzieht, sie teuer renovieren lässt, nur um dann ab und zu in Berlin mürrisch durch die Straßen zu laufen, um zu sehen, ob ihn jemand erkennt. Aber da wird er Pech haben, denn die meisten, denen er hier begegnen dürfte, sind ausländische Touristen, und die essen Pizza in der Pizzeria »Casolare« oder in the canadian pizzeria, which is very typical for the quarter here, gucken aber keine deutschen Filme mit Uwe Ochsenknecht.

Ich erzähle Nadja von meiner seltenen Begegnung. »Der allerletzte Prolet auf Gottes weiter Erde? Der?«, fragt sie. Rhetorisch natürlich. Ich wusste gar nicht, dass Ochsenknecht der allerletzte Prolet ist, aber wenn Nadja das sagt, stimmt das bestimmt.

Später entdecke ich in der Dieffenbachstraße einen Catering-Wagen und Filmleute mit Filmausrüstung. »Ah«, denke ich, »doch kein Ochsenknecht im Viertel.« Ich bin fast ein wenig enttäuscht, denn inzwischen hatte ich mich schon an den Gedanken gewöhnt, und als allerletzter Prolet hätte er vielleicht sogar ganz gut hierher gepasst. Aber man weiß es nicht, wie so vieles, das man nicht weiß.

Wenn ich ihn dann jedoch häufiger getroffen hätte, und er womöglich in den gleichen Cafés aufgetaucht wäre, in die ich auch gehe, dann hätte ich immer denken müssen: »Oh Gott, Uwe Ochsenknecht, der allerletzte Prolet auf Gottes weiter Erde.« Und das will man ja auch nicht ständig denken.

Balibar liest vom Blatt ab

Vor der Humboldt-Universität gibt mir Etiènne Balibar die Hand und fragt, wieviel Zeit ihm noch bis zu seinem Auftritt bliebe. Ich schreibe das, damit Sie jetzt ordentlich beeindruckt denken, oh, der Bittermann kennt Balibar. Da geht es mir übrigens genauso. Aber wahrscheinlich kennen Sie Etiènne Balibar gar nicht. Dann war der ganze schöne Anfang natürlich für die Katz. Und wieder mal völlig umsonst den Kopf zerbrochen.

Ich habe keine Ahnung, wann seine Veranstaltung beginnt, was auch egal ist, denn die Frage ist gar nicht an mich gerichtet. Balibar spricht Deutsch, und ich denke, toll, Balibar spricht Deutsch. Er ist ziemlich klein und ein bisschen breit, er hat weiße Haare und trägt Farben, die bei älteren Herren sehr beliebt sind, Beige und ein helles Grau.

Im Hörsaal zieht sich die Sache hin, und irgendwie habe ich den Eindruck, dieses ewige Sich-Hinziehen, obwohl alle Referenten auf der Bühne herumlümmeln und alle Plätze besetzt sind, ist eine Art Ritual für eine Veranstaltung, in der es um die Bedeutung von Marx für die heutige Zeit geht. Und so ein bedeutendes Thema kann man nicht mal so hopplahopp über die Bühne bringen. Das dauert. Das muss so sein.

Vielleicht aber muss bloß mal jemand ein Signal geben, denke ich. Bei Rockkonzerten fangen die Leute an zu pfeifen, wenn sich die Musiker zu viel Zeit lassen. Also pfeife ich mal. Komischerweise funktioniert es. Der Gesprächspegel ebbt plötzlich ab, der Moderator begibt sich zum Mikrophon und kündigt Etiènne Balibar an.

Etiènne Balibar spricht Englisch. Er liest vom Blatt ab, ohne aufzusehen. Er bewegt sich kaum, nur den Mund. Er spricht schnell und deutlich und sehr lange und ich verstehe fast alle Wörter, aber seine sonore, eintönige Stimme versetzt mich sehr schnell in einen komatösen Zustand. Ich ertappe mich dabei, wie ich die Hinterköpfe der Studenten vor mir studiere, aber ich kann keine These davon ableiten.

Auf dem Uni-Hof machen die in Grüppchen herumstehenden Studenten einen ratlosen Eindruck. Sie scheinen nicht viel verstanden zu haben. Ich bin froh, dass es ihnen auch nicht besser geht als mir, der ich ja schon lange nicht mehr an der Uni bin, weshalb ich da natürlich fein raus bin, und außerdem habe ich auch nicht Balibar, sondern noch Hegel studiert.

Andererseits finde ich es toll, dass es Balibar völlig egal ist, ob ihm jemand folgen kann. Er zieht einfach seinen Stiefel durch. Auch Olaf aus Schweden, der extra zu diesem Kongress angereist ist, hat seine Probleme. Er findet alles zu akademisch und fragt nach einem guten Restaurant. Es muss aber in Mitte sein.

Am Büchertisch stehe ich neben einer Frau, die eine große Haarspange mit Schlaufe im Haar trägt, einen roten BH und ein schwarzes Kleid mit Spitze. Sie zeigt auf ein Buch und sagt: »Hast du das geläsen?« Ihr Begleiter schüttelt den Kopf. »Hast du das geläsen?« Wieder nichts. Sie deutet auf »Der kommende Aufstand« und sagt: »Hast du das geläsen? Alle haben das geläsen.« Stimmt, sogar ich.

Im Türstehermilieu

Vor dem »Bassy« steht ein Türsteher. Er ist dreifacher Zopfträger. Hinten einer und vorne zwei. Die hat sich der Türsteher in den Bart gezwirbelt und mit einem Gummi fixiert. Er könnte auch noch aus seinem Schnurrbart zwei Zöpfe drehen, aber dafür müsste der Schnurrbart erst noch ein wenig wachsen. Er hat ein etwas zu großes schwarzes Jackett an, eine große Gürtelschnalle und Cowboystiefel.

Ich frage ihn, ob er aus dem »Türstehermilieu« komme, von dem ich schon viel gehört habe, aber er sagt nur, dass da »nur Scheiße gelabert« werde, und wenn ich meine Zigarette aufgeraucht hätte, solle ich lieber mal schön reingehen. Da ich selber mal im »Türstehermilieu« gearbeitet habe, wenn auch nur ganz kurz, vielleicht nur zehn Minuten, weiß ich, dass ich die Drohung ernst nehmen muss.

Gerade bugsiert eine Frau, die von der Statur her ebenfalls als Türsteher durchgehen könnte, eine dünne Gestalt wieder zurück ins Freie, weil die ein fremdes Bier in der Hand hält. Sie zählt dem Dreizopftürsteher die Getränkekarte auf, nur ohne Preise, um ihm zu beweisen, dass das, was der Mann gerade an den Hals setzt, nicht aus dem Laden stammt.

Türsteher müssen ganz schön viel wissen. Der Hinausbugsierte sieht ein bisschen aus wie ein Punk, aber nicht wie ein Proll-Punk, sondern eher wie ein Punk, der bei Vivienne Westwood eingekauft hat, aber schon vor dreißig Jahren. Der Türsteher und der Punk verstehen sich auf Anhieb gut und klatschen sich ab. Aber was macht der Punk auf einer Dylan-Geburtstagsfeier, frage ich mich, und warum steht ein Dreizopftürsteher vor der Tür?

Dylan hat 70. Geburtstag. Es sind nicht sehr Viele auf seine Party gekommen, jedenfalls kann ich noch bequem zwischen den Leuten hindurchlaufen, ohne anzustoßen, und vor der Bühne dehnt sich eine leere Fläche wie ein Sperrgebiet mit unsichtbarem Nato-Draht abgesperrt. Viele Künstler aus aller Welt, die es nach Berlin verschlagen hat, weil es hier billig ist, spielen Dylan zu Ehren so gut es geht ein paar Dylan-Songs nach.

Die durch den Abend führende Moderatorin sagt, sie sei Wiglaf Droste. Später sagt sie, sie sei Wiglaf und ihr Mitmoderator Droste, aber sie wirkt dabei nicht sehr glaubwürdig. Da müsste sie noch etwas an ihrem Aussehen arbeiten. Sie trägt schwarze Lederstiefel und Hotpan. Ich glaube, weder Wiglaf Droste noch Bob Dylan hätten das gutgeheißen.

Noch häufiger als das Wort Wiglaf gebraucht sie das Wort amazing. Auch ich finde hier alles sehr amazing. Sie zum Beispiel, aber auch das Publikum. Der Punk in seinem kiltmäßigen Outfit schleudert immer wieder seine rechte Faust in die stickige Luft. Außerdem stehen drei Jungs mit großkarierten Holzfällerhemden herum und schmettern alle Liedtexte mit, was für einige Dylan-Song-Spieler etwas irritierend ist, denn die müssen im Unterschied zu den Jungs die Dylan-Lyrik oft vom Blatt absingen.

Der Moderator sagt, man habe »Bob« eingeladen, ihm aber mitgeteilt, er solle sich auf keinen Fall zu erkennen geben. Das, glaube ich, hätte der Moderator nicht extra betonen müssen.

Bier vom Fass

»Ihr seid so schön!«

In der Zitadelle Spandau kaufe ich am ersten Getränkestand, dem ich über den Weg laufe, ein »Sportgetränk«, wie Sven Regener das in dem schönen Nostalgiesong »Es ist nichts mehr, wie es war« besingt. Bei mir ist es Jever Lime, was sich jetzt nicht so gut anhört, weil es sich auf Slime reimt, aber die spielen heute gar nicht, sondern Sophie Hunger und danach Marianne Faithfull.

Der Festival-Bierausschenker schüttet den Inhalt der Flasche in einen Plastikbecher, um zu verhindern, dass ich die Flasche auf Sophie Hunger werfe. Dazu kriege ich einen Chip, den ich einlösen kann, wenn ich den Plastikbecher zurücktrage und damit nicht auf Sophie Hunger werfe. Zudem wird mit dem Chip verhindert, dass sich Plastikbechersammler eine goldene Nase verdienen.

Mein Neffe Kai und ich suchen uns dezent einen Platz ganz hinten vor einer Stahlkonstruktion, in der die Soundmischmaschine untergebracht ist. Davor steht auch ein Mann, auf dessen Rücken »Security« steht. Er sieht im Gesicht ein bisschen verwüstet aus, als ob Schlägereien sein täglich Brot sind, bei denen man nicht wissen will, wie der andere danach ausgesehen hat, er hat einen sehr, sehr muskulösen Oberkörper, einen Skorpion auf dem Unterarm, große Stöpsel im Ohr und ist ganz in Schwarz gekleidet.

So also sieht die »Security« aus, denke ich, weil ich mir unter Sicherheit etwas anderes vorgestellt habe. Etwas weniger Martialisches. Er lehnt am Gerüst. Als wir uns auch an das Gerüst lehnen, sagt er: »Nicht anlehnen!« Erschrocken sehe ich nach oben, weil ich eine Sekunde lang befürchte, die Stahlkonstruktion könne möglicherweise durch mein unsachgemäßes Anlehnen einen Knacks bekommen haben.

Der Security-Mann guckt finster. Er hat sonst nichts zu tun. Es ist das Einzige, was er an diesem Abend sagt. Ich glaube, er ist dankbar, dass er wenigstens uns mal so ganz dezent darauf hinweisen konnte, was eigentlich Sache ist. Er nimmt seinen Job sehr ernst.

Als Sophie Hunger fertig ist, sagt sie zum Abschied: »Ihr seid so schön!« Ich weiß nicht warum, aber für den Rest des Abends bin ich jetzt blöderweise damit beschäftigt rauszufinden, wen sie gemeint haben mochte, während die nach Sophie Hunger auftretende Marianne Faithful mit ihrer hinreißend rauen Stimme wunderschöne Songs singt, die ich gar nicht richtig genießen kann.

Nach dem Konzert hat der Festival-Bierausschenker bereits geschlossen. Ich werfe den Plastikbecher auf den Boden. Zum Glück ist keine Security in der Nähe.

Mach dein Ding

Im Baumarkt, wo die Freiheit bekanntlich grenzenlos ist, wenn man nur sein Ding macht und sich einen Kasten Bier kauft, stehe ich ratlos herum, denn der Baumarkt ist groß und es laufen viele Leute einfach kreuz und quer durcheinander.

Mein Ding besteht darin, Farbe zu kaufen. Ein Baumarktmitarbeiter, den ich frage, zeigt auf ein großes Schild, auf dem »Farbe« steht. Ich folge optimistisch dem Schild, aber kaum befinde ich mich zwischen den Regalen mit Farbtöpfen, ist mein kleiner Optimismus auch schon wieder verflogen. Die Freiheit ist ganz schön verwirrend.

Wieder muss ich einen Mitarbeiter befragen. »Ich brauche Farbe«, sage ich mal ganz grundsätzlich. »Was möchten Sie denn streichen?« »Ein Regal.« »Aus Holz?« Ich nicke. »Ist das Holz behandelt?« Schwierige Frage. Behandeltes Holz? Was ist das? »Ist es imprägniert, lackiert, gebeizt?« Ich weiß es nicht. »Das sollten Sie aber wissen, denn sonst müssen Sie es abschleifen«, sagt der Baumarktmitarbeiter. »Oh«, sage ich, und entscheide mich dann lieber für unbehandeltes Holz.

Er führt mich zu der Farbe, die ich suche. »Ist die auch für Innen?«, frage ich, um auch mal den Fachmann zu geben. Der Baumarktmitarbeiter zeigt mit dem Finger auf den Farbtopf, auf dem ziemlich groß steht: »Für Innen und Außen.«

Mit dem Topf schlendere ich in die Blumenabteilung. Der Topf fällt auf den Boden, der Deckel springt ab und der weiße Inhalt breitet sich als kleiner zäher See aus. Zuerst setzt mein Fluchtreflex ein, aber dann denke ich, dass mich jede Menge Überwachungskameras überführen würden. Also mache ich zerknirscht einen Baumarktmitarbeiter auf die große Farblache aufmerksam.

»Was ist das denn für ne Scheiße. Nein, das halt ick nicht aus«, brüllt der. Ich frage vorsichtig und zerknirscht, ob ich vielleicht irgend etwas tun könne. »Nein, bloß nicht!«, ruft er erschrocken, aber auch sehr abweisend. Ich glaube, für heute lasse ich mein Ding sein und konzentriere mich lieber auf den Kasten Bier.

Nie wieder Schokoladeneis

Alle sind auf den Beinen, einschließlich Italien, Amerika und Spanien. Und ein paar nordische Länder höre ich auch heraus. Wahrscheinlich Schweden. Sie belagern die Eisdiele an der Ecke. Die Schlange geht einmal um den Block und beißt sich dann in den Schwanz.

Fup und ich sind schlau. Wir setzen uns im Freien an einen freien Tisch. Ganz im Sinne von Fup bestelle ich eine Kugel Schokoladeneis im Becher, auf den ich ihn konditioniert habe. Am Nebentisch mäkelt ein etwa dreijähriger Junge an seinem Erdbeereis in der Schale herum. Er will jetzt auch lieber Schokoladeneis. Seine Mutter sagt, er solle sein Eis aufessen, sonst würde sie »nie wieder« mit ihm Eis essen gehen. Der Junge will trotzdem Schokoladeneis, und das sofort. Er lässt das Erdbeereis stehen.

Die Mutter geht in die Eisdiele, holt eine Waffel, löffelt das vor sich hinschmelzende Erdbeereis in die Waffel und trägt es dem Jungen hinterher, aber der sagt nur: »Ich will ein Schokoladeneis«, worauf sie antwortet: »Du kriegst kein Schokoladeneis. Nie wieder gehe ich mit dir Eis essen. Das war das letzte Mal.« Dieser Dialog wiederholt sich ungefähr dreißig Mal, und jedes Mal wird er hysterischer und lauter, bis ihn alle auswendig können. Auch die Ausländer.

Vielleicht kann Bushido einen Rap-Song daraus machen, denke ich, damit das Drama nicht umsonst war. Und intellektuell würde der Text ihn auch nicht überfordern.

Schließlich packt die Mutter ihren zappelnden Sohn unter den Arm und quetscht sich durch die Gartenstühle. »Nie wieder!«, kreischt sie. Ich glaube, die Frau hat dem Ansehen Deutschlands im Ausland geschadet.

Fup ist der Einzige, den diese Szene kalt lässt. Er schaufelt konzentriert sein Schokoladeneis in sich hinein. Als er fertig ist, hält er mir den Becher entgegen und sagt »Mehr!« Das ist das einzige Wort, das er sprechen kann, außer »Allo«. Das ist Französisch und heißt »Hallo«.

Ich sage: »Du kriegst nie wieder ein Schokoladeneis!« Die Leute glucksen. Auch Fup findet das lustig. Gut, dass er noch nicht alles versteht.

IKEA-Vorhang

Die Eisdiele ist am Wochenende ein Auffanglager für eine ganze Armee zermürbter Eltern, die ihren Kindern in Form von Eis ihren Tribut zollen. Ich sitze auf einer Bank, um mich herum quäkt und kräht es, nur direkt neben mir ist es sehr still, und wenn nicht ab und zu ein schmatzendes Geräusch zu vernehmen wäre, könnte ich glatt vergessen, dass neben mir Fup in sein Eis vertieft ist und es sich mit überraschender Geschwindigkeit in den Mund schaufelt.

Ich starre abwesend auf die besiegte Armee und beobachte trantütig einen Mann um die 50 mit langen angegrauten Haaren und dichtem grauen Bart und Unterschichtstrainingsanzug. Ein bisschen aus dem letzten Jahrhundert, denke ich, sowohl ästhetisch als auch inhaltlich, denn er gibt breitbeinig laute Mach-dies-mach-das-Anweisungen an eine Frau, die sich hinter mir befindet und Kindern hinterherrennt. Ich bin so fasziniert von dem Mann auf dem Kommandoposten, dass ich mich gar nicht nach dem herumgescheuchten Objekt umsehe.

Wahrscheinlich verdichten sich gerade meine vor sich hinmäandernden Gedanken zu einem undifferenzierten Urteil, irgend etwas in der Richtung wie: Da hat die Frauenbewegung aber noch viel zu tun.

Dann schiebt sich das herumgescheuchte Objekt doch noch in mein Blickfeld und nimmt meine Aufmerksamkeit in Beschlag. Ich denke, der Mann hat jetzt aber auch nicht wirklich das große Los gezogen. Mir fällt ein kleiner Reim von FW Bernstein ein: »Zwischen Hosensaum und Sockenrand herrscht erotisch ödes Land.« Natürlich trägt die Frau weder das eine noch das andere, sondern irgendetwas zeltartiges, wobei der über die Knie reichende Saum ausgestanzte und mit Metall eingefasste Löcher aufweist wie bei einem Seesack oder einem IKEA-Vorhang, und außerdem stecken ihre Waden, für die man ganz tief unten in Bayern auf die Knie gehen würde, in halbhohen gefütterten Wildlederstiefeletten, aber dazwischen ... da muss ich jetzt Herrn Bernstein recht geben. Ich kann meinen Blick gar nicht losreißen von diesen Klamotten mit Mut zum Flüchtlingsoutfit von 1945. Nein, mit der Gentrifizierung wird das hier doch nichts, denke ich.

Nadja zischelt mir zu: »Das ist die Holofernes von den ›Wir sind Helden‹.«

»Hä«, sage ich, »wer?«

Büchertausch

Endlich Wochenende. Da klingelt das Telefon. »Ist da Klaus Bittermann?« Ja, irgendwie schon. »Wohnst du nicht in der Grimmstraße?« Jetzt, wo ein Unbekannter mich so ankumpelt, gebe ich auch das zu. »Ich wohne ja in der Bergmannstraße, gegenüber von der Post. Kennste ja.« Schön, denke ich. Es stellt sich heraus, dass der Mann ein Buch aus meinem Verlag haben möchte und das auch gleich abholen will. Na gut, denke ich, Türverkauf, dafür kann ich anschließend ins Café gehen. Why the hell also not?

Fünf Minuten später betritt der Mann das Berliner Zimmer, in dem meine Bibliothek untergebracht ist. »Warum hast du so viele Bücher«, fragt der Mann. »Ich bin Verleger«, sage ich. »Hast du die alle gelesen?« Auf diese Frage bin ich vorbereitet, weil ich sie mit der Regelmäßigkeit höre, mit der Harry Rowohlt gefragt wird, ob er was mit dem Rowohlt Verlag zu tun hat. Ich sage: »Ja.«

Vielleicht sollte ich wie Harry fünf Euro kassieren, aber praktisch ist das oft gar nicht so leicht umzusetzen. »Kann ich mich mal umsehen?«, sagt der Mann mit einer Selbstverständlichkeit, dass ich gar nicht auf die Idee komme zu sagen »Jetzt aber mal Halblang«. Ich komme mir vor wie in »Biedermann und die Brandstifter«. Aber der Mann will nichts abfackeln, er will nur gucken.

Als ich ihm das gewünschte Buch überreiche, gibt er mir eine Brötchentüte. Darin ist auch ein Buch. Von ihm selber gemacht. »Atemgeräusche aus dem Elfenbeinturm« heißt es. Es ist ein Kunsthandwerksbuch. Ein anderes Buch ist darin übermalt und übercollagiert. Ich blättere darin herum und sage »schön«. Erstens, weil ich finde, man kann nicht einfach sagen, »was ist das denn für eine Scheiße«, auch wenn man es vielleicht denkt, und zweitens finde ich es tatsächlich schön, weil das ursprüngliche Buch übermalt ist und man es nicht lesen muss.

Vielleicht hätte ich es aber nicht sagen sollen, denn als ich abkassieren will, sagt der Mann: »Weißte was, tauschen wir.« Toll, denke ich, das hat sich jetzt echt gelohnt.

Eisern Union

Die Zone ist fast so deprimierend wie damals vor dreißig Jahren, als ich das letzte Mal drüben war und als die Zone noch Zone genannt werden durfte. Heute heißt sie z.B. Berlin, oder vielleicht noch Ostberlin, der ostberliner Charme der Trostlosigkeit ist aber geblieben. Er ist so ähnlich wie der westberliner, jedenfalls wenn man von Kreuzberg kommend die Sonnenallee bis zum Ende fährt und sich dann nach Köpenick durchschlägt.

Im Vorbeifahren sehe ich zwei beschnäuzerte Tätowierte vor einem Friseurladen auf Kundschaft warten. Sie sitzen auf Plastikstühlen und rauchen. Leute auf der Straße gibt es nur sehr vereinzelt. Die Sonne bestrahlt gnadenlos die Geisterstraße und macht alles nur noch schlimmer. Aber ich will ja zum Glück nicht nach Köpenick, sondern in die alte Försterei, zum Stadion des FC Union.

Da gibt es mehr Menschen und alle haben ein Ziel. Ich reihe mich unauffällig in den dünnen Besucherstrom ein und wate durch einen Wald mit feuchtem Waldboden, der vermutlich von den Leuten herrührt, die links und rechts des Weges stehen und ihr Wasser abschlagen. Mit einer Bratwurst begebe ich mich straks in die Fankurve, obwohl die gar keine Kurve ist und ich gar kein Fan. Der Stadionsprecher sagt gerade: »Gibt es Leute unter euch, die noch Zeitung lesen?« Ich sehe mich um. Irgendwie herrscht betretenes Schweigen, als ob sich die Leute ertappt fühlen würden. Aber weil es um den Vereinspräsidenten geht, der seinen Wehrdienst bei einem Stasi-Wachregiment geleistet hat und die Eisernen Unionler sich das von den Wessis ja wohl nicht erklären lassen müssen, sind alle begeistert, als der Stadionsprecher sagt: »Ich glaube nicht, dass wir uns das erklären lassen müssen von Leuten, die das alles gar nicht gekannt haben.«

Die Ossi-Reflexe funktionieren also noch. Auch bei mir, denn ich bin irgendwie peinlich berührt, und ich frage mich, was die alle gegen die Stasi haben, die sich doch um alle Belange der Zonis gekümmert und sehr aufgepasst hat, dass keiner aus Versehen Nazi wurde. Oder Skinhead, oder sowas wie der kurzhaarige Mann mit dem schwarzen T-Shirt, auf dem jemand mit einem Baseballschläger niedergestreckt wird und auf dem steht »Mehr Spaß im Osten«, oder wie der ebenfalls kurzhaarige Mann mit dem T-Shirt-Aufdruck »Hate and Violence«. Das hätte es unter der Stasi nicht gegeben. Und das muss man ja auch mal sagen.

Die anderen aber sind gekommen, um gemeinsam zu singen. Und das quasi ohn Unterlass.

»Ein Tor, das kann doch nicht so schwer sein«, singen sie, weil ihrer Mannschaft keins gelingen will, und nachdem »Eisern Union«, wie zwischendrin immer wieder mal unvermittelt skandiert wird, kurz vor Schluss 4:0 zurück liegt, singen die Unionisten guantanameranisch »Das wird 'ne ganz enge Kiste, ganz enge Kiiiiiiste ...«

Hier nimmt niemand jemandem was übel, weder dem sich fette Schnitzer leistenden Torhüter, noch dem Präsidenten, noch dem Gegner auf dem Platz, höchstens irgendwelchen Wessis, die Union schlecht machen.

»Carsten Stegemann kann seinen Geldbeutel beim Bierausschank abholen. Er ist gefunden worden«, sagt der Stadionsprecher. Hier geht niemand verloren, nicht einmal Carsten Stegemann.

Pizza
Pasta
Salate
Jede große
Pizza
Jede
große
Pizza
1,95€
Jede
Pasta
2,50€
Salate
Ab
1,50€

Punk mit Mutti-Haarschnitt

Viv Albertine? Ich wühle zuerst in den morastigen Tiefen meines Gedächtnisses und dann in einem Buch, das ich im Verdacht habe, es könnte einen entscheidenden Tipp enthalten. Und tatsächlich, Viv Albertine hing im heißen Sommer 1976 mit den Sex Pistols herum, wohnte mit Sid Vicious in einem besetzten Haus und gründete mit ihm die »Flowers of Romance«, aus der sie jedoch von Sid Vicious wieder rausgeschmissen wurde, weil sie nicht gut genug Gitarre spielen konnte, was sehr witzig ist, weil Sid Vicious ja auch nicht spielen konnte, jedenfalls sagt das die Legende, und ich finde, der Legende sollte man unbedingt glauben, weil alles andere viel zu langweilig wäre.

Viv Albertine, die bei den Slits gespielt hatte, der ersten Frauen-Punk-Band, und bei der ersten LP mitwirkte, auf deren Cover drei nackte und schlammbeschmierte Bandmitglieder zu sehen sind, diese avantgardistische Viv Albertine also spielt im »Monarch«. Das »Monarch« ist eine tolle Raucher-Bar mit einer vertikal schrägen Fensterfront und Ausblick auf die Hochbahn am Kottbusser Tor. Whow, denke ich, da gehe ich hin und lasse mich vom Hauch der Geschichte anblasen. Angeblasen werde ich aber zunächst nur von einem auf Hochtouren arbeitenden Ventilator.

Es dauert, bis Viv Albertine die Bühne betritt, aber wer tritt heute schon mit weniger als einer Stunde Verspätung auf? Das wäre uncool, klar. Viv Albertine hat einen braven Mutti-Haarschnitt, trägt dunkle Jeans und ein T-Shirt in der gleichen Farbe, ist also nicht sehr glamourös. Denke ich, aber dann zieht sie sich auf der Bühne das T-Shirt über den Kopf und darunter kommt ein mit Glitzerpailletten besticktes durchsichtiges Etwas zum Vorschein, vielleicht auch was Fleischfarbenes. Das kann ich von hinten nicht erkennen.

Showtime, denke ich. Dann sagt sie jedoch zur Begrüßung, sie wäre Asthmatikerin und die Leute sollten bitte nicht rauchen. Aber statt der Stimme versagt dann die Anlage und es krächzt gewaltig aus den Boxen. Sie sagt, der Techniker solle was dagegen tun, der Techniker lässt das nicht auf sich sitzen und sagt, es läge an ihr, was sie aber nicht glaubt.

Das Krächzen ist der Höhepunkt des Konzerts, denn die Songs hören sich an wie launiges Gitarrengeschrammel mit Kunstanspruch, also mit vielen eintönigen Wiederholungen und einer kieksigen Stimme zum Weglaufen. Sie singt, dass es keine Liebe gibt, dass Männer Idioten sind und Beziehungen doof, nicht gerade anspruchsvolle

Erkenntnisse, die sie aus ihrer immerhin 18 Jahre währenden unglücklichen Ehe gewonnen hat, die sie als Grund für ihre Songs aber auffällig häufig erwähnt.

Das Konzert dauert nicht lange. Das immerhin ist tröstlich. Ein letzter Zug von der Zigarette noch, den ich mir als Asthmatiker leiste, ein letzter Schluck. Draußen gehe ich an »Kaisers« vorbei, der noch offen hat. Vor ihm sitzen betrunkene Punks. Sie wissen nicht, wer Viv Albertine ist. Sie haben nichts verpasst. Auch ich hätte es wissen können: Je schillernder die Legende, desto öder sieht es dahinter aus.

Zurück auf die Matratze

Ich liefere Fup im Kinderladen ab, und damit habe ich auch bereits mein Arbeitspensum für diesen Tag erledigt. Da es noch früh ist, aber schon heiß und schwül, geht mir ein Reim von Wiglaf Droste durch den Kopf: »Was für ne Strapaze, schnell zurück auf die Matratze«. Reimt sich doch gar nicht richtig, werden Sie jetzt vielleicht einwenden, worauf ich Ihnen sage, man muss es wie gereimt lesen, dann erst entfaltet sich die Schönheit des Gedichts.

Aber bevor ich zurück auf die »Matraaze« sinke, komme ich bei »Monsieur Ibrahim« vorbei, und da es bei ihm nun mal den besten Latte macchiato der Stadt gibt, bleibt mir gar nichts anderes übrig, als das Fahrrad abzustellen und zu verweilen. Außerdem muss ich gar nichts sagen, ich muss mich nur hinsetzen und schon kommt der Latte macchiato angeschwebt. Außerdem kann man hier in aller Ruhe Zeitung lesen, weil alle anderen Gäste auch Zeitung lesen und eher selten quatschen, jedenfalls nicht so früh am Morgen.

Ich schlage eine nicht ganz so großformatige

Zeitung auf und lese: »Mein Lieblingsfach an der Uni ist Massenvernichtung.« Ich wusste gar nicht, dass man das inzwischen auch studieren kann. Ich war da ja schon ewig nicht mehr. Aber inzwischen soll es ja sogar solche Fächer wie Kommunikationsdesign geben. Vielleicht also doch nicht so abwegig, denke ich. Dann fragt mich ein Autor: »Interessiert es uns, wie es den Muslimen in Deutschland nach dem Massaker von Oslo geht?« Nö, denke ich, nicht wirklich.

Aber da gibt es ja noch meine andere, milde gestimmte, aufgeklärte, geduldige und verständnisvolle Stimme, und die sagt mir, jetzt mal langsam, wer weiß, was das zu bedeuten hat. Vielleicht geht es den Muslimen in Deutschland ja wirklich schlecht, und was dann? Tja, keine Ahnung, denke ich, lese dann aber sicherheitshalber weiter. Man will ja schließlich nichts verpassen. Aber am Ende bin ich auch nicht schlauer, denn da heißt es: »Die einfache Frage, die seit elf Tagen niemand stellt, lautet: Mitbürger, die ihr euch als Muslime seht oder gesehen werdet – wie geht es euch?«

Ich hatte nicht bedacht, dass über solche Fragen der Kaffee kalt wird. Jetzt wo der Kaffee kalt ist, kann ich auch gleich nach Hause radeln. Ich schwinge mich aufs Rad, aber das hat plötzlich einen Platten. Nur fünf Meter vor meiner in die Zeitung vertiefte Nase hat jemand das Ventil rausgeschraubt. Vielleicht ein Muslim, der meine Gedanken gelesen hat, denke ich. Quatsch, quatscht meine andere Stimme dazwischen, das war ein ganz normaler Idiot, wahrscheinlich irgendein Christ. Ein Christ? Wieso ein Christ?, frage ich mich von mir selber überrascht. Ist doch egal, antworte ich mir. Na dann, denke ich.

Statt zur »Matraaze« muss ich mich zum nächsten Fahrradreparateur begeben, der aber noch nicht offen hat. Der nächste hat Sommerferien. Ich ächze und schiebe das Rad durch die schwärende Hitze. Fragt vielleicht mal jemand, wie es mir nach dem Massaker an meinem Fahrrad geht?

Die Gei hat alles unter Kontrolle

Die Parterrewohnung neben dem Spätkauf, aus der mich die kleine schwankende und struppelige Frau mit den großen Zahnlücken um einen Euro anhaute, den ich »echt wieder zurückkriegen« sollte, wird gerade saniert. Ein Mann schiebt alte Bretter mit Nägeln aus dem Fenster, und drin ist viel Staub. Auf einem Zettel an der Scheibe steht eine Telefonnummer. Man kann jetzt die Wohnung als Büro anmieten, aber nicht als Kneipe. Der Zettel verrät nicht, was aus der Frau mit den großen Zahnlücken geworden ist.

Wieder eine weniger, bei der es auffällt, dass sie nicht mehr da ist. Vielleicht fällt das auch nur mir auf, bei tausend anderen, die hier wohnen, würde es mir nicht auffallen, weil die alle einen Fahrradhelm aufhaben und weite erdfarbene dreiviertellange Hosen mit riesigen ausfaltbaren Taschen tragen, so dass man einen ganzen Truthahn reinstopfen kann. Wie will man die alle auseinanderhalten?

Fup und ich sitzen vor dem »Casolare« und essen Nudeln. Fup ist sehr aufgeregt und sagt »Gei, Gei, Gei«. Ich drehe mich um. Hinter mir steht die Polizei. Ich kenne ja viele Spitznamen für Polizei, aber »Gei« höre ich zum ersten Mal. Die zwei Gei-Beamten sprechen nicht mit mir, sondern mit einer Gegensprechanlage: »Und er ist schon wieder weg? ... Rufen Sie uns wieder an, wenn er wieder da ist.« Aha, ein Informant, denke ich. Sitzt hier mitten unter uns und observiert die Leute.

Aber warum nicht? Ich tue das jetzt auch. Zu Hause sitze ich auf dem Fensterbrett, meinem Beobachtungsposten. Die Nacht ist warm und feucht. Im Park klirren Flaschen, ein Gemurmel, Gekicher und Gemecker in allen Tonlagen schwappt in mein Zimmer. Im Haus rechts von mir wird ein Mann von zwei Gei-Beamten in Handschellen abgeführt. Ich schwöre: Ich habe die Gei nicht informiert. Im Haus links von mir kommt Müntefering mit seiner siebzig Jahre jüngeren Gattin heraus und macht noch einen kleinen Spaziergang durch das Viertel. Umgekehrt wäre natürlich lustiger gewesen. Müntefering in Handschellen. Naja, man kann nicht alles haben.

Aus der Reihe Critica Diabolis

21. *Hannah Arendt,* Nach Auschwitz, 13,- Euro
45. *Bittermann (Hg.),* Serbien muß sterbien, 14.- Euro
55. *Wolfgang Pohrt,* Theorie des Gebrauchswerts, 17.- Euro
65. *Guy Debord,* Gesellschaft des Spektakels, 20.- Euro
68. *Wolfgang Pohrt,* Brothers in Crime, 16.- Euro
112. *Fanny Müller,* Für Katastrophen ist man nie zu alt, 13.- Euro
116. *Vincent Kaufmann,* Guy Debord – Biographie, 28.- Euro
119. *Wolfgang Pohrt,* FAQ, 14.- Euro
125. *Kinky Friedman,* Ballettratten in der Vandam Street, 14.- Euro
127. *Klaus Bittermann,* Wie Walser einmal Deutschland verlassen wollte, 13.-
129. *Robert Kurz,* Das Weltkapital, 18.- Euro
130. *Kinky Friedman,* Der glückliche Flieger, 14.- Euro
131. *Paul Perry,* Angst und Schrecken. Hunter S. Thompson-Biographie, 18.-
135. *Ralf Sotscheck,* Der gläserne Trinker, 13.- Euro
138. *Kinky Friedman,* Tanz auf dem Regenbogen, 14.- Euro
139. *Hunter S. Thompson,* Hey Rube, 10.- Euro
145. *Kinky Friedman,* Katze, Kind und Katastrophen, 14.- Euro
153. *Fanny Müller,* Auf Dauer seh ich keine Zukunft, 16.- Euro
154. *Nick Tosches,* Hellfire. Die Jerry Lee Lewis-Story, 16.- Euro
155. *Ralf Sotscheck,* Nichts gegen Engländer, 13.- Euro
156. *Hans Zippert,* Die 55 beliebtesten Krankheiten der Deutschen, 14.- Euro
160. *Hunter S. Thomspon,* Die große Haifischjagd, 19.80 Euro
162. *Lester Bangs,* Psychotische Reaktionen und heiße Luft, 19.80 Euro
163. *Antonio Negri, Raf V. Scelsi,* Goodbye Mr. Socialism, 16.- Euro
164. *Ralf Sotscheck,* Nichts gegen Iren, 13.- Euro
165. *Wiglaf Droste,* Im Sparadies der Friseure, Sprachkritik, 12.- Euro
166. *Timothy Brook,* Vermeers Hut. Der Beginn der Globalisierung, 18.- Euro
167. *Zippert,* Was macht eigentlich dieser Zippert den ganzen Tag, 14.- Euro
171. *Harry Rowohlt, Ralf Sotscheck,* In Schlucken-zwei-Spechte, 15.- Euro
173. *einzlkind,* Harold, Toller Roman, 16.- Euro
174. *Wolfgang Pohrt,* Gewalt und Politik, Ausgewählte Schriften, 22.- Euro
176. *Heiko Werning,* Mein wunderbarer Wedding, 14.- Euro
177. *Wiglaf Droste,* Auf sie mit Idyll, 14.- Euro
178. *Kinky Friedman,* Zehn kleine New Yorker, 15.- Euro
179. *Christian Y. Schmidt,* Zum ersten Mal tot, 14.- Euro
180. *Jane Bussmann,* Von Hollywood nach Uganda, 20.- Euro
181. *Ralph Rumney,* Der Konsul. Autobiographisches Gespräch, 16.- Euro
182. *Sue Townsend,* Adrian Mole. Die schweren Jahre nach 39, 18.- Euro
183. *James Lever,* Ich, Cheeta. Die Autobiographie, Roman, 18.- Euro
184. *Guy Debord,* Ausgewählte Briefe. 1957-1994, 28.- Euro
185. *Klaus Bittermann,* The Crazy Never Die, 16.- Euro
186. *Hans Zippert,* Aus dem Leben eines plötzlichen Herztoten, 14.- Euro
187. *Fritz Eckenga,* Alle Zeitfenster auf Kippe, 14.- Euro
188. *Ralf Sotscheck,* Tückisches Irland, 14.- Euro
189. *Hunter S. Thompson,* The Kingdom of Gonzo, Interviews, 18.- Euro
190. *Klaus Bittermann,* Möbel zu Hause, aber kein Geld für Alkohol, 14.- Euro
191. *Jim Dawson,* Die Geschichte von Motherfucker, 18.- Euro

http://www.edition-tiamat.de